사자단어
쓰기

사자단어 쓰기

초판 1쇄 인쇄_2018년 9월 17일 | **초판 1쇄 발행**_2018년 9월 24일
엮은이_김한일
펴낸이_진성옥 외 1인 | **펴낸곳**_꿈과희망
디자인·편집_김재경 | **마케팅**_김진용
주소_서울시 용산구 백범로90길 74, 대우이안 오피스텔 103동 1005호
전화_02)2681-2832 | **팩스**_02)943-0935 | **출판등록**_제2016-000036호
e-mail_ jinsungok@empal.com
ISBN_979-11-6186-036-7   13710

교과서 사자단어 완전정복!

쓰지 않고 읽기만 해도 도움이 되는

사자단어
쓰기

꿈과희망

우리말 어휘의 대부분을 차지하는 한자어는 교과목 내용의 이해와 일상생활에서 큰 역할을 한다. 또한 대부분의 교과서가 거의 한글로 표기되어 있기 때문에 한자어로 된 개념과 용어를 배울 때 한자 훈과 음을 알면 그 의미와 원리를 더 쉽고 빠르게 이해할 수 있다.

특히 학년이 올라갈수록 한자를 모르면 의미를 파악하기 힘든 단어가 대거 등장하는데 이때는 한자 실력이 성적을 좌우할 수밖에 없다. 한자를 많이 아는 학생은 교과 과목의 용어와 개념을 이해하지만, 그렇지 않은 학생은 무작정 외울 수밖에 없기 때문이다.

한자로 개념이나 단어의 뜻을 유추하다 보면 사고력은 물론 교과 전반에 대한 이해력이 높아진다. 한자를 많이 알게 되면 그 의미를 잘못 파악하거나 다른 개념과 헷갈려 불필요하게 낭비하는 시간이 줄어들기 때문에 학습 효율도 높일 수 있게 된다.

단어의 의미를 정확히 알고 넘어가지 않으면 고학년으로 진학할수록 학습 장애를 겪을 가능성이 높아진다. 책을 무작정 읽고도 그 의미나 용어의 내용을 이해하지 못하는 학습부진은 어휘력 부족으로 일어나는 경우가 많다.

이 책은 한자 학습과 어휘력 향상에 도움이 되도록 교과서에서 4자로 된 한자를 찾아내어서 획순이 작은 단어부터 배열하여 편집하였다. 또한 교과 과목을 표기하고 음과 훈 또한 쓰는 순서와 낱말을 풀이하여 학습에 도움이 되도록 하였다.

엮은이

十	人	十	色
열 **십**	사람 **인**	열 **십**	빛 **색**
一十	丿人	一十	⺈⼧⼓色

십인십색 : 생각과 생김새 · 기호 따위가 사람마다 다름을 이르는 말.

十	中	八	九
열 **십**	가운데 **중**	여덟 **팔**	아홉 **구**
一十	丨口口中	丿八	丿九

성어

십중팔구 : 열 가운데 여덟이나 아홉이 그렇다는 뜻으로, 거의 다 그렇다는 말.

一	言	半	句
한 **일**	말씀 **언**	반 **반**	글귀 **구**
一	、⼇言言	⼃丷半	丿勹勹句

국어

일언반구 : 한 마디의 말과 한 구절의 반이라는 뜻으로, 아주 짧은 말.

一	片	丹	心
한 **일**	조각 **편**	붉을 **단**	마음 **심**
一	丿丿丿片	丿⼏⼏丹	、心心心

국어

일편단심 : 한 조각 붉은 마음. 곧, 진심에서 우러나오는 변치 않는 마음을 이르는 말.

一	口	二	言	三	三	五	五
한 일	입 구	두 이	말씀 언	석 삼	석 삼	다섯 오	다섯 오
一	丨口口	一二	丶一二言言	一二三	一二三	一丁五五	一丁五五

성어

일구이언 : 한 입으로 두 말을 한다는 뜻으로, 말을 이랬다저랬다 한다는 말.

삼삼오오 : 서넛이나 대여섯 사람씩 떼를 지어 다니거나 무슨 일을 하는 모양을 이르는 말.

九	牛	一	毛	一	言	之	下
아홉 구	소 우	한 일	털 모	한 일	말씀 언	갈 지	아래 하
丿九	丿㇇二牛	一	丿二三毛	一	丶一二言言	丶㇇之	一丁下

성어

구우일모 : 아홉 마리 소의 털 가운데 한 개라는 뜻으로, 많은 가운데 극히 일부분이라는 말.

일언지하 : 말 한마디로 끊음. 두 말할 나위 없다는 말.

下	石	上	臺
아래 **하**	돌 **석**	위 **상**	돈대 **대**
一丁下	一アア石石	ㅣ卜上	士吉直臺臺

하석상대 : 아랫돌 빼서 윗돌 괴고 윗돌 빼서 아랫돌 괸다는 뜻으로, 임시변통으로 이리저리 둘러맞춘다는 말.

甲	骨	文	字
갑 **갑**	뼈 **골**	글월 **문**	글자 **자**
ㅣ口日甲	冎冎骨骨	`一ナ文	`宀宀字

국어
갑골문자 : 거북 딱지와 짐승의 뼈에 새긴 중국 고대의 상형 문자.

八	方	美	人
여덟 **팔**	모 **방**	아름다울 **미**	사람 **인**
ノ八	`一方方	``¥羊美	ノ人

성어
팔방미인 : 어느 모로 보나 아름다운 미인이나 모든 방면에 능통한 사람.

子	音	同	化
아들 **자**	소리 **음**	한가지 **동**	될 **화**
`了子	`立音音	ㅣ冂冃同	ノイイ化

국어
자음동화 : 자음과 자음이 만나면, 서로 영향을 주고받아 한쪽이나 양쪽 모두 비슷한 소리로 바뀐다는 말.

不	可	抗	力	山	川	草	木
아니 **불**	옳을 **가**	막을 **항**	힘 **력**	뫼 **산**	내 **천**	풀 **초**	나무 **목**
一 ア 不 不	一 一 一 可 可	扌 扌 扩 抗	フ 力	丨 山 山	丿 丿 川	一 艹 苗 草	一 十 才 木

성어
불가항력 : 천재 · 지변 · 우발사고 따위와 같이, 사람의 힘으로는 어찌할 수 없는 힘이나 사태를 이르는 말.

성어
산천초목 : 산과 강과 풀과 나무라는 뜻으로, 즉 자연을 일컫는 말.

大	人	君	子	九	死	一	生
큰 **대**	사람 **인**	임금 **군**	아들 **자**	아홉 **구**	죽을 **사**	한 **일**	날 **생**
一 ナ 大	丿 人	フ ヨ 君 君	了 了 子	丿 九	一 ブ 歹 死	一	丿 丿 牛 生

성어
대인군자 : 말과 행실이 바르고 점잖으며 덕이 높은 사람을 이르는 말.

성어
구사일생 : 죽을 고비를 여러 차례 겪고 겨우 살아난다는 말.

♣ 한자의 뜻과 음을 읽으며 쓰세요.

一	攫	千	金
한 일	잡을 확	일천 천	쇠 금
一	扌 扩 攫 攫	一 二 千	丿 入 佥 金

大	同	小	異
큰 대	한가지 동	작을 소	다를 이
一 ナ 大	丨 冂 冋 同	亅 小 小	口 田 畟 異

국어

일확천금 ; 힘들이지 않고 단번에 많은 재물을 얻는다는 말.

성어

대동소이 : 대체로 같고 조금 다르다는 뜻으로, 미세한 부분은 다르지만 큰 줄거리는 거의 같아 큰 차이가 없다는 말.

三	水	甲	山
석 삼	물 수	갑옷 갑	뫼 산
一 二 三	亅 刀 水 水	丨 冂 日 甲	丨 凵 山

公	正	去	來
공변될 공	바를 정	갈 거	올 래
丿 八 公 公	一 下 正 正	一 十 土 去	十 朩 夾 來

성어

삼수갑산 : 함경남도의 삼수와 갑산이 교통이 불편한 오지라는 뜻으로, 몹시 어려운 지경을 이르는 말.

도덕

공정거래 : 독점 거래나 암거래가 아닌 공정하게 하는 거래를 이르는 말.

四	方	八	方
넉 **사**	모 **방**	여덟 **팔**	모 **방**
丨冂四四	丶一ㄅ方	丿八	丶一ㄅ方

사방팔방 : 모든 방면 또는 여러 방면을 이르는 말.

曰	可	曰	否
가로 **왈**	옳을 **가**	가로 **왈**	아닐 **부**
丨冂日日	一ㄅ口可	丨冂日日	一ア不否

왈가왈부 : 옳다느니 그르다니 말한다는 뜻으로, 이러쿵저러쿵 말이 많다는 말.

非	一	非	再
아닐 **비**	한 **일**	아닐 **비**	두번 **재**
丿ㅕ非非	一	丿ㅕ非非	一丁ㅠ再

비일비재 : 한두 번이 아니라는 뜻으로, 한 둘이 아니라 아주 많 다는 말.

行	方	不	明
다닐 **행**	모 **방**	아니 **불**	밝을 **명**
丿彳行行	丶一ㄅ方	一ア不不	冂日明明

행방불명 : 간 곳이 분명하지 않음. 간 방향을 모른다는 말.

人	山	人	海
사람 **인**	뫼 **산**	사람 **인**	바다 **해**
ノ人	ㅣ凵山	ノ人	氵汒海海

인산인해 : 산과 바다처럼, 헤아릴 수 없을 만큼 많은 사람이 모인 상태를 이르는 말.

他	山	之	石
다를 **타**	뫼 **산**	갈 **지**	돌 **석**
亻仆他他	ㅣ凵山	丶㇀丶之	一ㄷㄒ石石

성어

타산지석 : 다른 산의 나쁜 돌도 자기의 구슬을 가는 데 소용이 된다는 뜻으로, 다른 사람의 하찮은 언행일지라도 자기의 지덕을 연마하는 데 도움이 된다는 말.

加	工	貿	易
더할 **가**	장인 **공**	바꿀 **무**	바꿀 **역**
フカ加加	一丅工	卯卯卯留貿	冂日且易易

사회

가공무역 : 외국에서 원자재나 반제품을 수입하여, 이것을 가공·제조하여 완제품을 수출하는 무역 형태를 이르는 말.

明	明	白	白
밝을 **명**	밝을 **명**	흰 **백**	흰 **백**
冂日明明	冂日明明	丿亻白白	丿亻白白

성어

명명백백 : 의심의 여지가 없이 매우 분명하다는 말.

全	心	全	力	一	石	二	鳥
온전할 **전**	마음 **심**	온전할 **전**	힘 **력**	한 **일**	돌 **석**	두 **이**	새 **조**
ノ 入 仐 全	丶 心 心 心	ノ 入 仐 全	フ 力	一	一 ア 石 石	一 二	⺀ 冇 鳥 鳥

성어

전심전력 : 마음과 힘을 오로지 한 일에만 모아서 쓴다는 말.

성어

일석이조 : 돌 한 개를 던져 새 두 마리를 잡는다는 뜻으로, 한 가지 일로 동시에 두 가지 이득을 본다는 말.

空	山	明	月	杜	門	不	出
빌 **공**	뫼 **산**	밝을 **명**	달 **월**	막을 **두**	문 **문**	아니 **불**	날 **출**
丶 宀 穴 空	ㅣ 凵 山	冂 日 明 明	ノ 月 月 月	十 オ 木 杜	冂 冂 門 門	一 ア オ 不	ㅣ 屮 出 出

성어

공산명월 : 사람이 없는 적적한 산에 비치는 외로이 밝은 달을 이르는 말.

성어

두문불출 : 문을 닫고 나가지 않는다는 뜻으로, 집 안에만 틀어박혀 세상 밖에 나가지 않는다는 말.

老	馬	之	智
늙을 노	말 마	갈 지	슬기 지
十 土 耂 老	厂 斥 馬 馬	丶 亠 ㇇ 之	丿 矢 知 智

성어

노마지지 : 늙은 말의 지혜라는 뜻으로, 오랜 경험으로 사물에 익숙하여 잘 알고 있다는 말.

名	山	大	川
이름 명	뫼 산	큰 대	내 천
丿 夕 夕 名	丨 屮 山	一 ナ 大	丿 川 川

성어

명산대천 : 이름난 산과 큰 강을 이르는 말.

北	斗	七	星
북녘 북	말 두	일곱 칠	별 성
十 寸 扌 北	丶 丶 三 斗	一 七	口 日 早 星

국어

북두칠성 : 큰곰자리에서 가장 뚜렷하게 보이는 국자 모양의 일곱 별자리를 이르는 말.

直	立	步	行
곧을 직	설 립	걸음 보	다닐 행
十 古 直 直	丶 亠 亣 立	丨 止 牛 步	丿 彳 彳 行

사회

직립보행 : 뒷다리만 사용하여 등을 곧바로 세우고 걸어 다닌다는 말.

子	音	脫	落
아들 **자**	소리 **음**	벗을 **탈**	떨어질 **락**
ㄱ 了 子	ㄧ 立 音 音	月 肝 胖 脫	艹 茨 莈 落

국어

자음탈락 : 발음을 부드럽게 하기 위하여, 어느 자음 하나를 줄이는 현상을 이르는 말.

內	政	干	涉
안 **내**	정사 **정**	방패 **간**	건널 **섭**
丨 冂 内 内	下 圧 政 政	一 二 干	氵 汁 泸 涉

성어

내정간섭 : 다른 나라의 정치나 외교에 참견함으로써 그 주권을 속박·침해하는 일을 이르는 말.

男	女	有	別
사내 **남**	계집 **녀**	있을 **유**	나눌 **별**
冂 田 男 男	乚 𡛷 女	一 ナ 右 有	冂 号 另 別

성어

남녀유별 : 유교 사상에서 남녀 사이에는 분별이 있어야 한다는 말.

左	右	之	間
왼 **좌**	오른쪽 **우**	갈 **지**	사이 **간**
一 ナ 左 左	一 ナ 右 右	丶 亠 之	冂 門 門 間

국어

좌우지간 : 이렇든 저렇든 간에 또는 어떻게 되든지 간을 이르는 말.

三	十	六	計
석 **삼**	열 **십**	여섯 **육**	셈할 **계**
一二三	一十	丶亠六六	二言言計

성어
삼십육계 : 온갖 계책 중에 줄행랑이 제일이라는 뜻에서, 되지도 않을 일에 매달리지 말고 기회를 보아 피하는 것이 상책이라는 말.

家	内	工	場
집 **가**	안 **내**	장인 **공**	마당 **장**
宀宁家家	丨冂内内	一丁工	土坦坦場

국어
가내공장 : 집 안에 조그맣게 차린 공장.

太	平	聖	代
클 **태**	평평할 **평**	성인 **성**	대신할 **대**
一ナ大太	一厂厅平	下耳聖	丿亻伅代

국어
태평성대 : 어진 임금이 다스리는 태평한 세상이나 시대를 이르는 말.

公	明	正	大
공변될 **공**	밝을 **명**	바를 **정**	큰 **대**
丿八公公	刀日明明	一丁正正	一ナ大

성어
공명정대 : 마음이 공명하여, 조금도 사사로움이 없이 바르고 크다는 말.

甘	呑	苦	吐
달 **감**	삼킬 **탄**	쓸 **고**	토할 **토**
一十廿甘	一二天呑	艹艹苦苦	丨口마吐

성어

감탄고토 : 달면 삼키고 쓰면 뱉는다는 뜻으로, 사리의 옳고 그름에 관계없이 제 비위에 맞으면 좋아하고 안 맞으면 싫어한다는 말.

統	一	天	下
거느릴 **통**	한 **일**	하늘 **천**	아래 **하**
幺糸統統	一	一二チ天	一丁下

성어

통일천하 : 천하를 통일하거나 통일된 천하를 이르는 말.

多	才	多	能
많을 **다**	재주 **재**	많을 **다**	능할 **능**
クタ多多	一十才	クタ多多	厶月能能

성어

다재다능 : 여러 가지로 재주 많고 능력이 풍부하다는 말.

去	者	必	反
갈 **거**	사람 **자**	반드시 **필**	되돌릴 **반**
一十土去	土尹者者	、ソ必必	一厂反反

국어

거자필반 : 떠난 자는 반드시 돌아온다는 말.

作	心	三	日	目	不	忍	見
지을 **작**	마음 **심**	석 **삼**	날 **일**	눈 **목**	아니 **불**	참을 **인**	볼 **견**
ノイ仁作	丶心心心	一二三	丨冂冃日	丨冂冃目	一プオ不	フヵ忍忍	丨冂目見

성어
작심삼일 : 품은 마음이 사흘을 못 간다는 뜻으로, 결심이 굳지 못함을 빗대어 이르는 말.

국어
목불인견 : 차마 눈뜨고 볼 수 없다는 뜻으로, 몹시 딱하거나 참혹하다는 말.

古	今	天	地	枯	木	生	花
옛 **고**	이제 **금**	하늘 **천**	땅 **지**	마를 **고**	나무 **목**	날 **생**	꽃 **화**
一十古古	ノ人へ今	一二チ天	一丈圠地	十木朴枯	一十才木	ノヒ牛生	十艹花花

성어
고금천지 : 옛날부터 지금까지의 온 세상을 이르는 말.

성어
고목생화 : 고목에서 꽃이 핀다는 뜻으로, 불우했던 사람이 뜻밖의 행운을 만나게 된다는 말.

♣ 한자의 뜻과 음을 읽으며 쓰세요.

口	蓋	音	化	文	字	言	語
입 **구**	덮을 **개**	소리 **음**	될 **화**	글월 **문**	글자 **자**	말씀 **언**	말씀 **어**
丨 冂 口	艹 芏 芙 蓋	亠 立 音 音	丿 亻 亻' 化	丶 亠 ナ 文	丶 宀 字 字	丶 亠 言 言	言 言 語 語

국어

구개음화 : 본디 구개음이 아닌 'ㄷ · ㅌ' 따위의 자음이 그 아래에 오는 모음 'ㅣ'음과 어울릴 때, 'ㅣ'음을 닮아서, 입천장소리로 변하는 현상을 이르는 말.

국어

문자언어 : 글자로 쓴 말. 읽고 쓰게 되어 있는 말로서 소리 · 뜻 · 글자의 3요소로 구성된다는 말.

一	次	產	業	不	老	長	生
한 **일**	버금 **차**	낳을 **산**	업 **업**	아니 **불**	늙을 **로**	길 **장**	날 **생**
一	丶 冫 冫' 次	亠 文 产 產	丷 业 丵 業	一 丆 不 不	一 土 耂 老	𠂆 𠂉 镸 長	丿 𠂉 牛 生

사회

일차산업 : 자연을 상대하여 원재료를 생산 · 채취하는 산업을 이르는 말.

성어

불로장생 : 늙지 않고 오래오래 산다는 말.

百	年	大	計
일백 **백**	해 **년**	큰 **대**	셈할 **계**
一丁万百	ノヒヒ年	一ナ大	二言言計

백년대계 : 먼 앞날을 내다보고 세우는 원대한 계획을 이르는 말.

三	人	成	虎
석 **삼**	사람 **인**	이룰 **성**	범 **호**
一二三	ノ人	厂厅成成	广虍虎

성어

삼인성호 : 세 사람이 똑같은 말을 하면 호랑이도 만든다는 뜻으로, 근거 없는 말도 여러 사람이 하면 이를 믿게 된다는 말.

天	方	地	軸
하늘 **천**	모 **방**	땅 **지**	굴대 **축**
二于天	亠方方	一土圳地	日車軒軸

국어

천방지축 : 어리석은 사람이 종잡을 수 없이 덤벙대는 일을 이르는 말.

大	同	團	結
큰 **대**	한가지 **동**	둥글 **단**	맺을 **결**
一ナ大	冂冂同	冂団團團	幺糸紵結

국어

대동단결 : 나뉘었던 단체나 당파가 어떤 목적을 이루려고 함께 뭉치어 한 덩어리가 된다는 말.

♣ 한자의 뜻과 음을 읽으며 쓰세요.

同	名	異	人
한가지 **동**	이름 **명**	다를 **이**	사람 **인**
丨 冂冋同	ノ夕夕名	口 田 里異	ノ人

성어

동명이인 : 이름은 같으나 사람이 다름, 또는 그런 사람을 이르는 말.

莫	上	莫	下
없을 **막**	위 **상**	없을 **막**	아래 **하**
十 艹苩莫	丨卜上	十 艹苩莫	一丅下

성어

막상막하 : 어떤 것이 더 낫고 더 나쁜 것인가를 가려낼 수 없을 만큼 서로 차이가 거의 없다는 말.

風	化	作	用
바람 **풍**	될 **화**	지을 **작**	쓸 **용**
丿 几凨風	ノ亻亻化	ノ亻亻作	丿 冂月用

과학

풍화작용 : 지표의 암석이 공기 · 물 등의 작용으로 차차 부서져 흙으로 변화하는 과정, 또는 그러한 과정을 이르는 말.

一	目	瞭	然
한 **일**	눈 **목**	밝을 **료**	그러할 **연**
一	丨 冂月目	目 眣瞭瞭	ク タ 狄然

국어

일목요연 : 한 번 보고도 환히 알 수 있을 만큼 분명하다는 말.

地	上	天	國
땅 **지**	위 **상**	하늘 **천**	나라 **국**
一 土 圵 地	丨 ㅏ 上	一 二 チ 天	冂 冋 冋 國

성어

지상천국 : 이 세상에서 이룩되는 다시없이 자유롭고 풍족하며 행복한 사회를 이르는 말.

貪	官	汚	吏
탐할 **탐**	벼슬 **관**	더러울 **오**	관리 **리**
人 今 含 貪	丶 宀 官 官	丶 氵 汙 汚	一 口 虫 吏

국어

탐관오리 : 탐욕이 많고 행실이 깨끗하지 못한 관리를 이르는 말.

落	心	千	萬
떨어질 **락**	마음 **심**	일천 **천**	일만 **만**
艹 艾 茨 落	丶 心 心 心	一 二 千	艹 苩 莴 萬

성어

낙심천만 : 몹시 낙심이 된다는 말.

坦	坦	大	路
평탄할 **탄**	평탄할 **탄**	큰 **대**	길 **로**
扌 圵 坦 坦	扌 圵 坦 坦	一 ナ 大	口 呈 政 路

성어

탄탄대로 : 장래가 아무 어려움이나 괴로움 없이 수월하다는 말.

大	明	天	地	已	往	之	事
큰 대	밝을 명	하늘 천	땅 지	이미 이	갈 왕	갈 지	일 사
一ナ大	日 明明	二チ天	土 均地	コ己	イ彳行往	二ナ之	一口写事

성어

대명천지 : 아주 밝은 세상을 이르는 말.

국어

이왕지사 : 이미 지나간 일이라는 말.

六	何	原	則	子	音	縮	約
여섯 육	어찌 하	근원 원	법칙 칙	아들 자	소리 음	다스릴 축	묶을 약
二六六	ノイ仃何	厂厂厈原	貝則	コ了子	立音音	糹絟絟縮	糹糸約約

국어

육하원칙 : 기사 작성의 여섯 가지 기본 요소. 곧, '누가, 언제, 어디서, 무엇을, 어떻게, 왜'를 일컫는 말.

국어

자음축약 : 두 자음이 합쳐져서 하나의 음운이 된다는 말.

23

灰	分	分	析
재 **회**	나눌 **분**	나눌 **분**	가를 **석**
一ナ方灰	ノ八分分	ノ八分分	十木析析

深	山	幽	谷
깊을 **심**	뫼 **산**	그윽할 **유**	골 **곡**
氵汀深深	l山山	l 纵幽	八父谷谷

회분분석 : 식물체를 태워 재로 남는 성분과 연기 성분을 나누어 분석하는 실험을 이르는 말.

심산유곡 : 깊은 산의 으슥한 골짜기를 이르는 말.

茂	林	山	中
우거질 **무**	수풀 **림**	뫼 **산**	가운데 **중**
艹芦茂	十木杧林	l山山	l口口中

自	由	貿	易
스스로 **자**	말미암을 **유**	바꿀 **무**	바꿀 **역**
ノ亻白自	l口由由	留貿	口日易易

무림산중 : 나무가 울창하게 우거진 깊은 산 속을 이르는 말.

자유무역 : 국가가 외국과 무역에 아무런 제한을 가하지 않고, 보호나 장려도 하지 않는 무역 정책을 이르는 말.

十	二	指	腸
열 **십**	두 **이**	손가락 **지**	창자 **장**
一十	一二	十 才 扩 指	刂 肍 朋 腸

과학
십이지장 : 소장의 첫 부분으로 손가락 12개를 붙여놓은 길이라고 해서 붙여진 이름.

早	失	父	母
새벽 **조**	잃을 **실**	아비 **부**	어미 **모**
口日旦早	丿二生失	丿 八分父	乚 互母母

성어
조실부모 : 어려서 부모를 여의었다는 말.

東	西	古	今
동녘 **동**	서녘 **서**	옛 **고**	이제 **금**
厂日申東	一冂西西	一十古古	丿人人今

성어
동서고금 : 동양과 서양, 옛날과 지금이란 뜻으로, 인간 사회의 모든 시대 모든 곳을 이르는 말.

大	書	特	筆
큰 **대**	글 **서**	특별할 **특**	붓 **필**
一ナ大	亅肀書書	丿牛牜特	亠竹笁筆

성어
대서특필 : 어떤 사실이나 사건을 특히 두드러지게 글자를 크게 쓴다는 말.

無	主	空	山
없을 무	주인 주	빌 공	뫼 산
´ ㅏ 無無	` ㅗ 宀 主	` ㅗ 宀 空	ㅣ 山 山

三	尺	童	子
석 삼	자 척	아이 동	아들 자
一 二 三	ㄱ ㄱ 尸 尺	ㅗ 立 音 童	ㄱ 了 子

성어

무주공산 : 인가도 인기척도 전혀 없는 쓸쓸한 산을 이르는 말.

국어

삼척동자 : 키가 석 자밖에 되지 않는 아이라는 뜻으로, 철부지 어린아이를 이르는 말.

男	女	老	少
사내 남	계집 녀	늙을 노	적을 소
口 田 男 男	ㄑ 女 女	一 土 耂 老	ㅣ 小 小 少

甲	論	乙	駁
갑옷 갑	말할 론	새 을	논박할 박
ㅣ 冂 曰 甲	ㄴ 言 論 論	乙	馬 馬 駁 駁

성어

남녀노소 : 남자와 여자와 늙은이와 젊은이. 곧 모든 사람을 이르는 말.

성어

갑론을박 : 갑이 말을 하고 을이 반박한다는 뜻으로, 서로 자기의 의견을 내세우고 상대방의 주장을 반박한다는 말.

♣ 한자의 뜻과 음을 읽으며 쓰세요.

自	初	至	終
스스로 **자**	처음 **초**	이를 **지**	끝날 **종**
′ 亻 白 自	ラ ネ ネ 初	一 厶 至 至	幺 糸 終 終

起	死	回	生
일어날 **기**	죽을 **사**	돌 **회**	날 **생**
土 丰 走 起	一 歹 歹 死	冂 冋 回 回	丿 𠂉 牛 生

국어

자초지종 : 처음부터 끝까지 이르는 동안. 또는 그 사실을 이르는 말.

성어

기사회생 : 죽은 사람을 살린다는 뜻으로, 원래는 의술이 뛰어난 것을 일컫는 말이었으나 오늘날에는 뜻이 조금 바뀌어 힘든 역경을 이겨 내고 다시 재기한다는 말.

口	碑	文	學
입 **구**	돌기둥 **비**	글월 **문**	배울 **학**
丨 冂 口	丆 石 砷 碑	丶 亠 亣 文	𦥑 𦥯 與 學

生	命	工	學
날 **생**	목숨 **명**	장인 **공**	배울 **학**
丿 𠂉 牛 生	人 亼 合 命	一 丅 工	𦥑 𦥯 與 學

국어

구비문학 : 예로부터 입에서 입으로 전해 온 문학을 이르는 말.

기술

생명공학 : 생물 특유의 기능인 유전 · 증식 · 대사 등을, 물질의 생산이나 검출 등에 이용하는 기술을 이르는 말.

文	房	四	友	形	形	色	色
글월 **문**	방 **방**	넉 **사**	벗 **우**	모양 **형**	모양 **형**	빛 **색**	빛 **색**
` 一 ナ 文	⁊ 尸 戶 房	丨 冂 四 四	一 ナ 方 友	一 二 开 形	一 二 开 形	⁄ ⁊ 多 色	⁄ ⁊ 多 色

성어
문방사우 : 종이 · 붓 · 먹 · 벼루의 네 문방구를 이르는 말.

국어
형형색색 : 모양과 빛깔 따위가 서로 다른 여러 가지를 이르는 말.

落	穽	下	石	漢	江	投	石
떨어질 **낙**	함정 **정**	아래 **하**	돌 **석**	한수 **한**	강 **강**	던질 **투**	돌 **석**
⁺ ⁺ 芨 落	宀 宊 宊 穽	一 丁 下	一 丆 石 石	氵 沪 漢 漢	氵 氵 江 江	扌 扌 护 投	一 丆 石 石

성어
낙정하석 : 함정에 빠진 사람에게 돌을 던진다는 뜻으로, 어려운 처지에 놓여 있는 사람에게 박해를 가한다는 말.

성어
한강투석 : 한강에 돌을 던진다는 뜻으로, 아무리 해도 헛된 일을 하는 어리석은 행동을 이르는 말.

燈	下	不	明	右	往	左	往
등잔 **등**	아래 **하**	아니 **불**	밝을 **명**	오른쪽 **우**	갈 **왕**	왼 **좌**	갈 **왕**
火 炒 燈 燈	一 丁 下	一 フ オ 不	刀 日 明 明	ノ ナ オ 右	′ 彳 彳 往	一 ナ ナ 左	′ 彳 彳 往

등하불명 : 등잔 밑이 어둡다는 뜻으로, 가까이 있는 것이 도리어 알아내기 어렵다는 말.

우왕좌왕 : 오른쪽으로 갔다 왼쪽으로 갔다 하며 종잡지 못한다는 말.

同	位	元	素	多	事	多	難
한가지 **동**	자리 **위**	으뜸 **원**	흴 **소**	많을 **다**	일 **사**	많을 **다**	어려울 **난**
丨 冂 冃 同	ノ 亻 伫 位	一 二 デ 元	三 主 妻 素	ク タ 多 多	一 口 写 事	ク タ 多 多	甘 革 難 難

동위원소 : 같은 종류의 원소이지만 질량이 다른 원소를 이르는 말.

다사다난 : 여러 가지로 일도 많은 데다가 여러 가지 어려움도 많다는 말.

二	次	産	業
두 **이**	버금 **차**	낳을 **산**	업 **업**
一二	丶冫丿次	亠产产産	丷业业業

이차산업 : 건설업 · 광업 · 제조업 등 원자재를 가공 · 정제하는 산업을 이르는 말.

三	權	分	立
석 **삼**	권세 **권**	나눌 **분**	설 **립**
一二三	扌杧榊權	丿八分分	丶亠立立

삼권분립 : 국가 권력을 입법 · 사법 · 행정으로 나누어 분담하는 통치 원리를 이르는 말.

各	樣	各	色
각각 **각**	모양 **양**	각각 **각**	빛 **색**
丿クタ各	木栏栏樣	丿クタ各	夕夕名色

각양각색 : 서로 다른 여러 가지 모양. 여러 가지. 가지가지라는 말.

人	口	密	度
사람 **인**	입 **구**	빽빽할 **밀**	법도 **도**
丿人	丨口口	宀灾密密	亠广庐度

인구밀도 : 단위 면적에 대한 인구의 비율. 보통 1km 안의 인구 수를 나타내는 것을 이르는 말.

草	根	木	皮
풀 초	뿌리 근	나무 목	가죽 피
｀ ⺿ 苩 草	十 オ 柙 根	一 十 才 木	⺆ 厂 广 皮

국어

초근목피 : 풀뿌리와 나무껍질이란 뜻으로, 곡식이 없어 산나물 따위로 만든 험한 음식을 이르는 말.

千	辛	萬	苦
일천 천	매울 신	일만 만	쓸 고
｀ 二 千	⺌ 立 辛	⺿ 苗 莒 萬	十 ⺿ 芊 苦

국어

천신만고 : 마음과 힘을 한없이 수고롭게 하여 애를 쓴다는 말.

門	前	乞	食
문 문	앞 전	빌 걸	밥 식
⺆ ⺆ 門 門	⺌ 芍 前 前	⺅ ⺅ 乞	入 今 食 食

성어

문전걸식 : 이 집 저 집 돌아다니며 빌어먹는다는 말.

尖	端	産	業
뾰족할 첨	바를 단	낳을 산	업 업
⺌ 小 小 尖	⺀ 立 出 端	⺈ 产 産	⺆ ⺍ 丵 業

사회

첨단산업 : 컴퓨터, 정보 처리, 의료 공학, 산업 로봇, 우주 항공, 해양 산업, 생명 공학 등을 이르는 말.

萬	有	引	力
일만 **만**	있을 **유**	끌 **인**	힘 **력**
艹 芍 芎 萬	一 ナ 有 有	ㄱ ㄱ 弓 引	ㄱ 力

만유인력 : 질량을 가지고 있는 모든 물체가 서로 잡아당기는 힘을 이르는 말.

三	寒	四	溫
석 **삼**	찰 **한**	넉 **사**	따뜻할 **온**
一 二 三	宀 牢 実 寒	丨 冂 四 四	氵 沪 泗 溫

삼한사온 : 추운 날씨가 약 3일 계속되다가 다음에 따뜻한 날씨가 4일가량 계속되는 주기적 기후 현상을 이르는 말.

平	面	圖	形
평평할 **평**	얼굴 **면**	그림 **도**	모양 **형**
一 プ 亚 平	丆 币 而 面	冂 門 屇 圖	一 二 开 形

평면도형 : 평면 위에 있는 도형을 이르는 말.

單	刀	直	入
홑 **단**	칼 **도**	곧을 **직**	들 **입**
口 罒 甼 單	ㄱ 刀	十 古 直 直	ノ 入

단도직입 : 혼자서 칼을 휘두르고 거침없이 적진으로 쳐들어간다는 뜻으로, 말을 하거나 글을 쓸 때 바로 본론으로 들어간다는 말.

有	性	生	殖
있을 **유**	성품 **성**	날 **생**	번성할 **식**
一ナ有有	丷忄忄性性	丿丄牛生	一歹歹殖殖

유성생식 : 암·수 생식 세포의 결합에 의해 새로운 개체를 만드는 방법을 이르는 말.

知	彼	知	己
알 **지**	저 **피**	알 **지**	자기 **기**
匕失知知	丿彳犭彼	匕失知知	一コ己

지피지기 : 자기와 상대방의 정황에 대해서 잘 알고 있다는 뜻으로, 적의 형편도 잘 알고 자기의 형편도 잘 알고 있다는 말.

無	男	獨	女
없을 **무**	사내 **남**	홀로 **독**	계집 **녀**
匕缶無無	冂田甼男	犭犸犸獨	乀乄女

무남독녀 : 아들 없는 집안의 외동딸을 이르는 말.

犬	猿	之	間
개 **견**	원숭이 **원**	갈 **지**	사이 **간**
一ナ大犬	犭犷猝猿	丶丶之	丨門門間

견원지간 : 개와 원숭이 사이라는 뜻으로, 서로 사이가 나쁜 두 사람의 관계를 비유하는 말.

能	手	能	爛
능할 **능**	손 **수**	능할 **능**	빛날 **란**
ᄼ 肖 能能	ᅳ ᅳ 三手	ᄼ 肖 能能	火 灯 㷷爛

성어

능수능란 : 일 따위가 익숙하고 솜씨가 좋다는 말.

天	地	神	明
하늘 **천**	땅 **지**	귀신 **신**	밝을 **명**
ᅳ ᅳ 千天	ᅳ 士 圤地	ᅳ 示 祁神	刀 日 明明

국어

천지신명 : 천지의 여러 신을 이르는 말.

生	活	下	水
날 **생**	살 **활**	아래 **하**	물 **수**
ノ ᄼ 牛生	氵 氵 汗活	ᅳ ᅮ 下	亅 水水水

국어

생활하수 : 일상생활을 하는 데에 쓰이고 난 뒤 하천으로 내려오는 물을 이르는 말.

五	里	霧	中
다섯 **오**	마을 **리**	안개 **무**	가운데 **중**
ᅳ ᅮ 五五	厂 日 甲里	雨 雰 霖霧	丨 口 口中

국어

오리무중 : 오리에 걸친 짙은 안개 속에 있어 방향을 알 수 없다는 뜻으로, 무슨 일에 대해 알 길이 없음을 비유하는 말.

水	質	汚	染
물 **수**	바탕 **질**	더러울 **오**	물들일 **염**
丿기水水	戶所斦質質	氵氵汈汚	氵汏染染

수질오염 : 어떤 장소의 물이 하수나 산업 폐수 따위로 인하여 인체에 위해를 가할 정도로 더러워진 상태를 이르는 말.

文	學	作	品
글월 **문**	배울 **학**	지을 **작**	물건 **품**
丶一ナ文	尸臼學學	丿亻亻乍作	丶口呂品

문학작품 : 문학에 속하는 예술 작품을 이르는 말.

三	次	産	業
석 **삼**	버금 **차**	낳을 **산**	업 **업**
一二三	丶冫次次	一立产産	丬业堂業

삼차산업 : 운수업, 상업, 금융업 등 각종 서비스 산업 등을 이르는 말.

壬	辰	倭	亂
북방 **임**	별 **진**	왜국 **왜**	어지러울 **란**
一二千壬	厂厂厇辰辰	亻仟倭倭	内胥矞亂

임진왜란 : 1592년부터 1598년까지 2차에 걸쳐 우리 나라에 쳐들어온 일본과 싸움을 이르는 말.

高	山	氣	候
높을 고	뫼 산	기운 기	물을 후
亠高高高	l 山山	仁气气氣	亻仁仁仁候

고산기후 : 해발 고도가 100m 높아질 때 기온은 약 0.5도씨 낮아지므로, 열대 고산 지역은 사람이 살기에 적합한 기후가 나타난다는 말.

此	日	彼	日
이 차	날 일	저 피	날 일
丨止止此	丨冂日日	丿彳犲彼	丨冂日日

차일피일 : 이날 저날 하고 자꾸 약속이나 기일 따위를 미루는 모양을 이르는 말.

囹	圄	生	活
옥 영	옥 어	날 생	살 활
丨冂閃囹	丨冂囷圄	丿仁牛生	氵汁汗活

영어생활 : 감옥, 또는 감옥에 갇혀 있는 상태를 흔히 이르는 말.

頭	音	法	則
머리 두	소리 음	법 법	법칙 칙
豆豆頭頭	亠立音音	氵汁法法	冂目貝則

두음법칙 : 단어의 첫머리가 다른 음으로 발음되는 것을 이르는 말.

善	男	善	女
착할 **선**	사내 **남**	착할 **선**	계집 **녀**
⺌ 羊 羑 善	⼞ 田 甲 男	⺌ 羊 羑 善	乄 夊 女

선남선녀 : 착하고 어진 남자와 여자를 이르는 말.

東	問	西	答
동녘 **동**	물을 **문**	서녘 **서**	대답 **답**
⼀ 曰 申 東	⼛ ⼛ 門 問	⼀ 冂 西 西	⺮ ⺮ 笒 答

성어

동문서답 : 동쪽 물음에 서쪽 답을 한다는 뜻으로, 묻는 말에 당치도 않은 대답을 한다는 말.

炭	水	化	物
숯 **탄**	물 **수**	될 **화**	만물 **물**
⼭ 岸 炭 炭	⼅ 才 水 水	ノ イ 仁 化	⺧ 牛 物 物

과학

탄수화물 : 탄소 · 수소 · 산소로 이루어진 화합물로서 그중 산소와 수소의 비율이 물과 같은 조성을 갖는 화합물을 이르는 말.

百	發	百	中
일백 **백**	쏠 **발**	일백 **백**	가운데 **중**
⼀ ⼀ 万 百	⼮ ⼀ 癶 發	⼀ ⼀ 万 百	⼁ 冂 口 中

성어

백발백중 : 총 · 활 등이 겨눈 곳에 꼭꼭 맞음. 계획이나 예상 따위가 꼭꼭 들어맞는다는 말.

金	枝	玉	葉
쇠 **금**	가지 **지**	옥 **옥**	잎 **엽**
ノ 人 全 金	十 木 杉 枝	一 丁 王 玉	艹 苹 華 葉

국어

금지옥엽 : 황금으로 된 나뭇가지와 옥으로 만든 잎이란 뜻으로, 임금의 자손이나 집안을 높이어 이르는 말.

巧	言	令	色
공교할 **교**	말씀 **언**	명령할 **영**	빛 **색**
一 工 巧 巧	` 亠 言 言	ノ 人 今 令	ク ク 多 色

성어

교언영색 : 남의 환심을 사려고 아첨하는 교묘한 말과 보기 좋게 꾸미는 얼굴빛을 이르는 말.

見	物	生	心
볼 **견**	만물 **물**	날 **생**	마음 **심**
丨 冂 目 見	㇒ 牛 牣 物	ノ ㇒ 牛 生	` 心 心 心

성어

견물생심 : 물건을 보면 그것을 가지고 싶은 욕심이 생긴다는 말.

半	信	半	疑
반 **반**	믿을 **신**	반 **반**	의심할 **의**
㇒ ㇀ 스 半	亻 广 信 信	㇒ ㇀ 스 半	ヒ 矣 髮 疑

성어

반신반의 : 참과 거짓을 판단하기 어려워 어느 정도 믿으면서도 한편으로는 의심을 한다는 말.

無	用	之	物
없을 **무**	쓸 **용**	갈 **지**	만물 **물**
´ ⌐ 無無	ノ 几 月 用	` ⌐ 之	´ 牛 牧 物

무용지물 : 아무짝에도 쓸데없는 물건. 또는 그런 사람을 이르는 말.

先	史	時	代
먼저 **선**	역사 **사**	때 **시**	대신할 **대**
´ ⌐ 牛 先	⌐ 口 史 史	刂 日 旷 時	ノ イ 仁 代

선사시대 : 문자로 기록된 역사 자료가 없는 역사 이전의 시대를 이르는 말.

言	行	一	致
말씀 **언**	다닐 **행**	한 **일**	보낼 **치**
` ⌐ 言 言	ノ イ 彳 行	一	⌐ 至 致 致

언행일치 : 하는 말과 행동이 같다는 뜻으로, 말한 대로 실행한다는 말.

近	墨	者	黑
가까울 **근**	먹 **묵**	사람 **자**	검을 **흑**
厂 斤 近 近	四 里 黑 墨	⌐ 耂 者 者	口 甲 里 黑

근묵자흑 : 먹을 가까이하면 검어진다는 뜻으로, 사람은 가까이하는 사람에 따라 그 영향을 받아서 변하는 것이니 조심하라는 말.

♣ 한자의 뜻과 음을 읽으며 쓰세요.

聞	一	知	十
들을 **문**	한 **일**	알 **지**	열 **십**
尸 門門聞	一	ㅅ 矢 知 知	一十

성어

문일지십 : 한 가지를 들으면 열을 안다는 뜻으로, 지극히 총명한 사람을 비유하는 말.

大	韓	民	國
큰 **대**	나라 **한**	백성 **민**	나라 **국**
一ナ大	古 卓 韓 韓	ㄱ ㅋ 尸 民	冂冂同國

국어

대한민국 : 우리나라의 국호를 이르는 말.

呼	父	呼	兄
부를 **호**	아비 **부**	부를 **호**	맏 **형**
ㅁ 口' 口乎 呼	ノ 八 父 父	ㅁ 口' 口乎 呼	丶 口 尸 兄

국어

호부호형 : 아버지라고 부르고 형이라고 부른다는 말.

下	厚	上	薄
아래 **하**	두터울 **후**	위 **상**	엷을 **박**
一丅下	厂 戶 厚 厚	丨 ⺊ 上	艹 艹 薄 薄

성어

하후상박 : 아랫사람에게 후하고 윗사람에게 박하다는 말.

茫	然	自	失
아득할 **망**	그러할 **연**	스스로 **자**	잃을 **실**
艹 艹 茫 茫	ク タ 然 然	' イ 自 自	´ 느 失 失

국어

망연자실 : 넋이 나간 듯이 멍하고 어리둥절하다는 말.

自	給	自	足
스스로 **자**	줄 **급**	스스로 **자**	발 **족**
' イ 自 自	幺 糸 紅 給	' イ 自 自	' ㅁ 무 足

사회

자급자족 : 자기의 수요를 자기가 생산하여 충당한다는 말.

子	子	單	身
외로울 **혈**	외로울 **혈**	홑 **단**	몸 **신**
ㄱ 了 子	ㄱ 了 子	ㅁ 吅 晉 單	' イ 自 身

국어

혈혈단신 : 의지할 곳이 없는 외로운 홀몸을 이르는 말.

無	骨	好	人
없을 **무**	뼈 **골**	좋을 **호**	사람 **인**
一 느 無 無	ㅁ 甲 骨 骨	ㄴ 女 好 好	ノ 人

사자

무골호인 : 뼈 없이 좋은 사람이란 뜻으로, 곧 지극히 순하여 남의 비위에 두루 맞는 사람을 이르는 말.

高	利	貸	金
높을 고	이로울 리	빌릴 대	쇠 금
亠言高高	二千禾利	亻代貸貸	丿人全金

사회

고리대금 : 곡물, 돈 등을 빌려 주고 부당하게 높은 이자를 받는 것을 이르는 말.

坐	不	安	席
앉을 좌	아니 불	편안할 안	자리 석
人 坐坐坐坐	一丆不不	丶宀安安	广广庐席

성어

좌불안석 : 불안하거나 걱정스러워서 한군데에 오래 앉아 있지 못한다는 말.

無	性	生	殖
없을 무	성품 성	날 생	번성할 식
스 生無無	忄忄性性	丿一生生	丆歹殖殖

과학

무성생식 : 암 · 수 생식 세포의 결합 없이 새로운 개체를 만드는 방법을 이르는 말.

有	口	無	言
있을 유	입 구	없을 무	말씀 언
一ナ有有	丨口口	스 生無無	丶亠言言

성어

유구무언 : 입은 있으나 할 말이 없다는 뜻으로, 변명할 말이 없다는 말.

自	手	成	家
스스로 **자**	손 **수**	이룰 **성**	집 **가**
´ ſ ή 自	ー ニ 三 手	厂 厅 成 成	宀 宀 宁 家 家

성어

자수성가 : 물려받은 재산이 없이 자기 노력으로 일어나 성공한다는 말.

權	不	十	年
권세 **권**	아니 **불**	열 **십**	해 **년**
木 柞 櫂 權	ー フ 不 不	一 十	´ ← 乍 年

성어

권불십년 : 권세는 10년을 가지 못한다는 뜻으로, 아무리 높고 센 권세라도 그렇게 오래 가지는 못한다는 말.

地	下	資	源
땅 **지**	아래 **하**	재물 **자**	근원 **원**
一 扌 圹 地	一 丁 下	` 次 資 資	氵 沔 沥 源

사회

지하자원 : 지하에 묻혀 있는 광산물 따위를 채굴하여 인간 생활에 유용하게 쓸 수 있는 것들을 이르는 말.

隱	忍	自	重
숨길 **은**	참을 **인**	스스로 **자**	무거울 **중**
ß 阹 隱 隱	フ 刃 忍 忍	´ ſ ή 自	一 台 亩 重

국어

은인자중 : 마음속으로 참고 견디며 몸가짐을 조심한다는 말.

卓	上	空	論	剛	木	水	生
높을 **탁**	위 **상**	빌 **공**	말할 **론**	굳셀 **강**	나무 **목**	물 **수**	날 **생**
⺊⺊白卓	丨卜上	⺀宀穴空	⺀言論論	冂冂冈剛	一十才木	刂汀水水	丿⺊牛生

성어
탁상공론 : 현실성이나 실천 가망성이 전혀 없는 쓸데없는 이론을 이르는 말.

성어
강목수생 : 마른 나무에서 물이 나게 한다는 뜻으로, 아무것도 없는 사람한테 무엇을 내라고 무리하게 요구한다는 말.

申	申	當	付	畫	夜	長	川
펼 **신**	펼 **신**	마땅할 **당**	줄 **부**	낮 **주**	밤 **야**	길 **장**	내 **천**
丶冂曰申	丶冂曰申	⺌⺌尚當	丿亻仁付	⼀⺕聿畫	⺀广夜夜	⼁⺊⻑長	丿丿川

국어
신신당부 : 여러 번 되풀이하여 간곡히 하는 부탁을 이르는 말.

국어
주야장천 : 밤낮으로 쉬지 않고 잇따라서. 언제나. 늘이라는 말.

♣ 한자의 뜻과 음을 읽으며 쓰세요.

非	夢	似	夢	馬	耳	東	風
아닐 **비**	꿈 **몽**	같을 **사**	꿈 **몽**	말 **마**	귀 **이**	동녘 **동**	바람 **풍**
丿 ㅋ 非 非	艹 苗 萬 夢	ノ 亻 仏 似	艹 苗 萬 夢	厂 ㄏ 馬 馬	一 丅 王 耳	𠃌 曰 申 東	丿 几 凤 風

국어

비몽사몽 : 꿈속 같기도 하고 생시 같기도 한 어렴풋한 상태를 이르는 말.

성어

마이동풍 : 봄바람이 말의 귀에 스쳐도 아무 감각이 없는 것처럼 남의 말을 조금도 귀담아 듣지 않고 흘려 버린다는 말.

千	萬	多	幸	百	年	之	客
일천 **천**	일만 **만**	많을 **다**	다행 **행**	일백 **백**	해 **년**	갈 **지**	손님 **객**
ノ 二 千	艹 苜 萬 萬	ク 夕 多 多	十 土 去 幸	一 丆 百 百	ノ 𠂉 㐄 年	丶 ㇀ ㇇ 之	丷 宀 安 客

성어

천만다행 : 매우 다행하다는 말.

성어

백년지객 : 언제까지나 깍듯이 대해야 하는 어려운 손님이라는 뜻으로, 사위를 이르는 말.

私	有	財	産
사사 **사**	있을 **유**	재물 **재**	낳을 **산**
一 禾 私 私	一 ナ 有 有	冂 目 貝 財	一 立 产 産

農	水	産	物
농사 **농**	물 **수**	낳을 **산**	만물 **물**
冂 曲 芹 農	亅 刁 水 水	一 立 产 産	亅 牛 牧 物

사회

사유재산 : 개인이 소유한 재산을 이르는 말.

국어

농수산물 : 농산물과 수산물을 이르는 말.

正	正	堂	堂
바를 **정**	바를 **정**	집 **당**	집 **당**
一 下 正 正	一 下 正 正	业 严 营 堂	业 严 营 堂

門	前	成	市
문 **문**	앞 **전**	이룰 **성**	저자 **시**
冂 冃 門 門	丷 前 前 前	厂 瓜 成 成	亠 亠 市 市

성어

정정당당 : 태도 · 처지 · 수단 따위가 꿀림이 없이 바르고 떳떳하다는 말.

성어

문전성시 : 문 앞에 시장을 이룬다는 뜻으로, 찾아오는 사람이 많음을 이르는 말.

百	戰	百	勝
일백 **백**	싸울 **전**	일백 **백**	이길 **승**
一丁万百	單單戰戰	一丁万百	刀月`朕勝

백전백승 : 백 번 싸워서 백 번 이긴다는 뜻으로, 싸우는 족족 모조리 이긴다는 말.

石	器	時	代
돌 **석**	그릇 **기**	때 **시**	대신할 **대**
一丁丆石	口 叩哭器	刀日昨時	丿亻仁代

석기시대 : 금속을 사용할 줄 모르고 돌로 도구를 만들어 쓰던 인류 초기의 시대를 이르는 말.

年	中	無	休
해 **년**	가운데 **중**	없을 **무**	쉴 **휴**
丿仁乍年	丨口口中	仁年無無	丿亻什休

년중무휴 : 한 해에 하루도 쉬는 일이 없다는 말.

樹	木	農	業
나무 **수**	나무 **목**	농사 **농**	업 **업**
木柞横樹	一十才木	口曲芦農	丬丵丵業

수목농업 : 나무를 심고 가꾸어 과수를 재배하는 농업을 이르는 말.

錦	上	添	花
비단 **금**	위 **상**	더할 **첨**	꽃 **화**
钅金鉬錦	丨卜上	氵氵沃添	艹艹花花

綠	色	革	命
푸를 **녹**	빛 **색**	가죽 **혁**	목숨 **명**
纟糸綠綠	夕夕多色	一廿苦革	人人合命

금상첨화 : 비단에 다시 꽃 장식을 더한다는 뜻으로, 좋은 것 위에 또 좋은 것을 더한다는 말.

녹색혁명 : 다수확 품종을 개발하고 영농 기술을 보급하는 등 식량 부족 문제를 해결하기 위하여 개발 도상국에서 실시하는 농업 정책을 이르는 말.

白	衣	民	族
흰 **백**	옷 **의**	백성 **민**	겨레 **족**
丿白白	亠亠衣衣	尸尸尸民	亠方斿族

意	味	深	長
뜻 **의**	맛 **미**	깊을 **심**	길 **장**
亠立音意	口口味味	氵氵深深	丨三툰長

백의민족 : 예로부터 흰옷을 즐겨 입은 데서, 한국 민족을 이르는 말.

의미심장 : 글이나 말의 뜻이 매우 깊다는 말.

卓	上	時	計	論	功	行	賞
높을 **탁**	위 **상**	때 **시**	셈할 **계**	말할 **논**	공로 **공**	다닐 **행**	상줄 **상**
╵ ╵ 占 卓	╵ 丨 上	丨 日 昨 時	一 言 計	言 論 論	一 工 功 功	′ 彳 彳 行	╵ 当 當 賞

국어

탁상시계 : 책상 위에 놓고 보는 시계를 이르는 말.

성어

논공행상 : 공로를 따져 상을 준다는 뜻으로, 세운 공을 평가하고 의논하여 표창을 하거나 상을 준다는 말.

結	草	報	恩	平	生	敎	育
맺을 **결**	풀 **초**	알릴 **보**	은혜 **은**	평평할 **평**	날 **생**	가르칠 **교**	기를 **육**
幺 糸 結 結	一 芍 苗 草	土 幸 郝 報	冂 因 恩 恩	一 六 平 平	′ 广 仁 生	乂 孝 孝 敎	一 六 育 育

성어

결초보은 : 풀을 매어 은혜를 갚는다는 뜻으로, 죽어 혼령이 되어서라도 은혜를 잊지 않고 갚는다는 말.

국어

평생교육 : 한 평생에 걸친 교육으로 조직되어야 한다는 교육 이론을 이르는 말.

多	多	益	善
많을 **다**	많을 **다**	더할 **익**	착할 **선**
ク夕多多	ク夕多多	八쏘谷益	``羊羔善

다다익선 : 많으면 많을수록 더욱 좋다는 뜻으로, 감당할 능력이 있으면 많을수록 좋다는 말.

雨	後	竹	筍
비 **우**	뒤 **후**	대 **죽**	죽순 **순**
一冂而雨	ノイ彳後	ノ竹竹竹	゛竹竹筍

성어

우후죽순 : 비가 온 뒤에 많이 솟은 죽순처럼, 어떤 일이 한때에 많이 일어난다는 말.

相	扶	相	助
서로 **상**	도울 **부**	서로 **상**	도울 **조**
十木机相	扌扌扶扶	十木机相	冂月助助

국어

상부상조 : 서로서로 돕는다는 말.

無	限	小	數
없을 **무**	한계 **한**	작을 **소**	셈할 **수**
ノ缶無無	阝阝阝限	]小小	日婁婁數

수학

무한소수 : 한계가 없는 소수를 이르는 말.

小	貪	大	失	市	民	團	體
작을 **소**	탐낼 **탐**	큰 **대**	잃을 **실**	저자 **시**	백성 **민**	둥글 **단**	몸 **체**
ㅣ小小	入今食貪	一ナ大	㇏⺊失失	、亠亣市	フマ尸民	冂冏團團	罒骨骼體體

소탐대실 : 작은 것을 탐내다가 도리어 큰 것을 잃는다는 말.

시민단체 : 공익 실현을 위해 시민들이 자발적으로 결성한 비영리적인 집단을 이르는 말.

鷄	口	牛	後	釜	中	之	魚
닭 **계**	입 **구**	소 **우**	뒤 **후**	가마솥 **부**	가운데 **중**	갈 **지**	고기 **어**
爫奚雞鷄	ㅣ口口	ノ⺊二牛	ノ彳徉後	丷父㣺釜	ㅣ口口中	、㇀㇂之	⺈⺈ 舟魚魚

계구우후 : 소의 꼬리보다는 닭의 부리가 되라는 뜻으로, 큰 단체의 꼴찌보다는 작은 단체의 우두머리가 되는 편이 낫다는 말.

부중지어 : 가마솥 안에 든 고기라는 뜻으로, 목숨이 위급한 처지에 있음을 비유하는 말.

大	器	晚	成
큰 **대**	그릇 **기**	저물 **만**	이룰 **성**
一 ナ 大	ㅁ ㅁㅁ 哭器	日 旷 晗晚	厂 厅 成成

대기만성 : 큰 그릇을 만드는 데는 시간이 오래 걸린다는 뜻으로, 크게 될 사람은 늦게 이루어진다는 말.

先	見	之	明
먼저 **선**	볼 **견**	갈 **지**	밝을 **명**
ノ ㅛ生先	ㅣㄇ目見	丶 ㅗ 之	ㄇ 日 明明

선견지명 : 닥쳐올 일을 미리 아는 슬기로움을 이르는 말.

表	音	文	字
겉 **표**	소리 **음**	글월 **문**	글자 **자**
ㆍ 圭 表表	ㆍ 立 音音	丶 ㅗ ナ 文	丶 宀 宁字

표음문자 : 사람의 말하는 소리를 그대로 기호로 나타내는 글자를 이르는 말.

姑	息	之	計
시어미 **고**	숨쉴 **식**	갈 **지**	셈할 **계**
ㄠ 女 女 姑	ㆍ 自 息息	丶 ㅗ 之	ㆍ 言 計

고식지계 : 아녀자나 어린아이가 꾸민 것 같은 계책이라는 뜻으로, 당장에 편한 것만 택하는 계책을 이르는 말.

門	前	沃	畓
문 **문**	앞 **전**	물댈 **옥**	논 **답**
ﾉﾄ門門	ﾂ一市前前	ﾟ冫冫沃	ﾉ水添畓

국어

문전옥답 : 집 가까이에 있는 기름진 논을 이르는 말.

絶	世	佳	人
끊을 **절**	인간 **세**	아름다울 **가**	사람 **인**
幺糸糸絶	一廿世世	ノイ佳佳	ノ人

성어

절세가인 : 이 세상에서는 비길 사람이 없을 만큼 빼어나게 아름다운 여자를 이르는 말.

高	速	道	路
높을 **고**	빠를 **속**	길 **도**	길 **로**
一古高高	一束束速	ﾟ芦首道	口足路路

국어

고속도로 : 자동차가 고속으로 달릴 수 있도록 만든 자동차 전용 도로를 이르는 말.

囊	中	之	錐
주머니 **낭**	가운데 **중**	갈 **지**	송곳 **추**
毒毒豪囊	ﾉ口口中	ﾟ丶ﾉ之	ﾉ金釘錐

성어

낭중지추 : 주머니 속의 송곳이란 뜻으로, 유능한 사람은 숨어 있어도 자연히 그 존재가 드러나게 된다는 말.

食	菌	作	用
밥 **식**	버섯 **균**	지을 **작**	쓸 **용**
入 今 食 食	⺌ ⺾ 芦 菌	ノ イ 仁 作	ノ 刀 月 用

식균작용 : 외부에서 침입한 세균 등을 세포 안으로 잡아들여 섭취하는 작용을 이르는 말.

毛	細	血	管
털 **모**	가늘 **세**	피 **혈**	피리 **관**
⺋ ⺓ ⺕ 毛	幺 糸 糽 細	ノ 亠 血 血	⺮ 竺 竺 管

모세혈관 : 털처럼 가는 혈관을 이르는 말.

父	傳	子	傳
아비 **부**	전할 **전**	아들 **자**	전할 **전**
ノ ハ グ 父	イ 伊 俥 傳	⺄ 了 子	イ 伊 俥 傳

부전자전 : 자자손손(子子孫孫)이 전하여 가진다는 뜻으로, 대대로 아버지가 아들에게 전한다는 말.

木	管	樂	器
나무 **목**	대롱 **관**	풍류 **악**	그릇 **기**
一 十 才 木	⺮ 竺 竺 管	白 緿 綿 樂	口 叩 哭 器

목관악기 : 몸통이 나무로 되고 그 악기 자체에 발음체가 달려있는 관악기를 이르는 말.

利	益	集	團
이로울 **이**	더할 **익**	모일 **집**	둥글 **단**
ニ チ 禾 利	八 公 谷 益	亻 亻 隹 集	冂 回 圃 團

이익집단 : 이익을 얻으려는 목적으로 뭉친 집단을 이르는 말.

上	皮	組	織
위 **상**	가죽 **피**	짤 **조**	짤 **직**
丨 卜 上	丿 厂 广 皮	幺 糸 組 組	糸 紵 繒 織

상피조직 : 피부의 가장 바깥 부분으로, 몸의 내부를 보호하는 조직을 이르는 말.

刮	目	相	對
깎을 **괄**	눈 **목**	서로 **상**	대답할 **대**
ニ チ 舌 刮	丨 冂 月 目	十 木 相 相	业 苹 對 對

괄목상대 : 눈을 비비고 다시 본다는 뜻으로, 주로 손아랫사람의 학식이나 재주 따위가 놀랍도록 향상된 경우를 이르는 말.

出	嫁	外	人
날 **출**	시집갈 **가**	밖 **외**	사람 **인**
丨 屮 出 出	女 妤 嫁 嫁	丿 夕 外 外	丿 人

출가외인 : 시집간 딸은 친정과는 남이나 마찬가지라는 말.

半	生	半	熟
반 반	날 생	반 반	익을 숙
' ' ' 半	' ' 生 生	' ' ' 半	享 享 熟熟

성어

반생반숙 : 반쯤은 설고 반쯤은 익었다는 뜻으로, 기술이 아직 미숙함을 이르는 말.

意	氣	投	合
뜻 의	기운 기	던질 투	합할 합
立 音意	气 气氣	扌 扩投	人 스合合

국어

의기투합 : 서로 마음이 맞는다는 말.

南	極	條	約
남녘 남	다할 극	가지 조	묶을 약
十 内两南	木 朽柯極	亻 伫俢條	幺 糸約約

사회

남극조약 : 남극 대륙 보호를 위해 개발금지, 영유권 주장 금지, 남극 대륙의 평화적 이용, 학술 조사 등 공동 목적에 이용할 것을 약속한 조약을 이르는 말.

緣	木	求	魚
인연 연	나무 목	구할 구	고기 어
幺 糸絆緣	一 十才木	寸 求求求	夕 冇鱼魚

성어

연목구어 : 나무에 올라가서 물고기를 구한다는 뜻으로, 되지도 않을 엉뚱한 소망을 비유하는 말.

多	數	可	決
많을 다	셈할 수	옳을 가	결단할 결
ク夕多多	日婁婁數	一丁口可	氵氵汁決

다수가결 : 회의에서 많은 사람의 찬반에 따라 가부를 정한다는 말.

協	同	精	神
맞을 협	한가지 동	자세할 정	귀신 신
十忄恊協	丨冂同同	丷米精精	二示利神

국어
협동정신 : 마음과 힘을 합하여 일해 나가는 정신을 이르는 말.

平	地	風	波
평평할 평	땅 지	바람 풍	물결 파
一二厂平	一土地地	丿几凨風	氵氵沪波

성어
평지풍파 : 평지에 풍파가 인다는 뜻으로, 뜻밖에 일어나는 분쟁을 비유하는 말.

風	前	燈	火
바람 풍	앞 전	등잔 등	불 화
丿几凨風	丷广前前	火炒燈燈	丶丷少火

성어
풍전등화 : 바람 앞에 등불이라는 뜻으로, 매우 위급한 자리에 놓여 있음을 가리키는 말.

♣ 한자의 뜻과 음을 읽으며 쓰세요.

集	中	豪	雨
모일 **집**	가운데 **중**	호걸 **호**	비 **우**
亻代佳集	丨口口中	亠亠豪豪	一丆雨雨

사회

집중호우 : 짧은 시간 동안 비가 집중적으로 많이 내리는 현상을 이르는 말.

烏	合	之	卒
까마귀 **오**	합할 **합**	갈 **지**	군사 **졸**
亻尸烏烏	人仒合合	丶亠ㄅ之	亠宀亦卒

성어

오합지졸 : 까마귀가 모인 것처럼 아무렇게나 모인 병졸이라는 뜻으로, 규율도 통일성도 없는 군중을 이르는 말.

同	病	相	憐
한가지 **동**	병들 **병**	서로 **상**	사랑할 **련**
丨冂冂同	广疒病病	十木相相	忄忰悌憐

성어

동병상련 : 같은 병의 환자끼리 서로 가엾게 여긴다는 뜻으로, 어려운 처지에 있는 사람끼리 동정하고 돕는다는 말.

途	中	下	車
길 **도**	가운데 **중**	아래 **하**	수레 **차**
人仒余途	丨口口中	一丁下	一冂亘車

국어

도중하차 : 차를 타고 가다가 목적지에 닿기 전에 내린다는 뜻으로, 어떤 일을 계획하여 하다가 끝까지 다하지 않고 중도에 그만둠을 이르는 말.

相	對	度	數
서로 **상**	대답할 **대**	법도 **도**	셈할 **수**
十 朮 相相	ᵃᵃ ᵃᵃ ᴴ 對	ᵃ 广 庐 度	ᵃ 婁 婁 數

상대도수 : 전체에 대한 상대적 크기를 나타낸 도수를 이르는 말.

借	刀	殺	人
빌릴 **차**	칼 **도**	죽일 **살**	사람 **인**
亻 俨 借借	フ刀	乂 杀 剎 殺	ノ人

차도살인 : 남의 칼을 빌려 사람을 죽인다는 뜻으로, 남의 힘으로 목적을 달성하거나 음험한 수단을 쓰는 사람을 이르는 말.

空	想	科	學
빌 **공**	생각할 **상**	과정 **과**	배울 **학**
丶 宀 空空	十 朮 相想	二 禾 科科	ᵃ ᵃ 與 學

공상과학 : 과학적 공상으로 상식을 초월한 세계를 연구하는 일.

十	匙	一	飯
열 **십**	숟가락 **시**	한 **일**	밥 **반**
一十	日 早 是匙	一	丷 飠 飣 飯

십시일반 : 열 사람이 밥을 한 술씩만 보태어도 한 사람이 먹을 밥이 된다는 뜻으로, 여러 사람이 힘을 합하면 한 사람쯤은 구제하기 쉽다는 말.

限	界	狀	況
한계 **한**	지경 **계**	형상 **상**	하물며 **황**
⻖ ⻖ ⻖ 限	口 田 界 界	ㅑ 爿 牀 狀	㇀ ⺡ 況 況

한계상황 : 죽음과 같이 사람의 힘으로는 더 이상 어찌할 수 없는 막다른 절대적 상황을 이르는 말.

生	面	不	知
날 **생**	얼굴 **면**	아닐 **부**	알 **지**
㇒ ㇑ 牛 生	丆 帀 而 面	一 丆 不 不	㇏ 午 知 知

생면부지 : 서로 만나 본 일이 없어 도무지 모르는 사람을 이르는 말.

弱	肉	强	食
약할 **약**	고기 **육**	강할 **강**	밥 **식**
弓 弓 弱 弱	丨 冂 内 肉	弓 弲 弻 强	入 合 食 食

약육강식 : 약한 것은 강한 것에 먹이가 된다는 뜻으로, 강자가 약자를 지배한다는 말.

末	梢	神	經
끝 **말**	나무끝 **초**	귀신 **신**	지날 **경**
一 二 才 末	十 木 杧 梢	二 礻 神 神	㇓ 糸 經 經

말초신경 : 뇌 또는 척수에서 나와 전신에 퍼져 중추 신경계와 피부·근육·감각 기관 등을 연락하는 신경의 조직을 이르는 말.

茫	茫	大	海
아득할 **망**	아득할 **망**	큰 **대**	바다 **해**
艹 艹 茫 茫	艹 艹 茫 茫	一 ナ 大	氵 氵 海 海

성어
망망대해 : 아득히 넓고 끝없이 펼쳐진 바다를 이르는 말.

卽	席	食	品
곧 **즉**	자리 **석**	밥 **식**	물건 **품**
亻 白 皀 卽	广 广 庐 席	人 今 食 食	丶 口 吕 品

가정
즉석식품 : 그 자리에서 손쉽게 조리해 먹을 수 있도록 만들어진 식품을 이르는 말.

不	恥	下	問
아니 **불**	부끄러울 **치**	아래 **하**	물을 **문**
一 ア 不 不	下 耳 耻 恥	一 丁 下	厂 門 問 問

성어
불치하문 : 지위나 학식이 자기보다 못한 사람에게 묻는 것을 부끄러워하지 않는다는 말.

中	小	企	業
가운데 **중**	작을 **소**	꾀할 **기**	업 **업**
丶 口 口 中	亅 小 小	人 仐 企 企	丬 业 業 業

사회
중소기업 : 자본금이나 종업원의 수 등이 중소 규모인 기업을 이르는 말.

卽	席	料	理
곧 **즉**	자리 **석**	헤아릴 **요**	다스릴 **리**
亻白自卽	广广庐席	丷米米料	二王理理

즉석요리 : 그 자리에서 만들어 먹는 요리를 이르는 말.

超	過	供	給
넓을 **초**	지날 **과**	이바지할 **공**	줄 **급**
土走超超	冎咼過過	亻什供供	纟糸給給

초과공급 : 수요량보다 팔려고 하는 공급량이 많을 때나, 수요량보다 초과된 공급량을 이르는 말.

生	死	苦	樂
날 **생**	죽을 **사**	쓸 **고**	즐길 **락**
丿亻牛生	一歹歹死	艹苎苦	白纳樂樂

생사고락 : 삶과 죽음, 괴로움과 즐거움을 통틀어 이르는 말.

愛	之	重	之
사랑 **애**	갈 **지**	무거울 **중**	갈 **지**
吅ㅉ愛愛	丶亠之	二台重重	丶亠之

애지중지 : 매우 사랑하고 소중히 여긴다는 말.

♣ 한자의 뜻과 음을 읽으며 쓰세요.

自	然	災	害
스스로 **자**	그러할 **연**	재앙 **재**	해칠 **해**
′ 亻 冂 自	ク タ 狀 然	〈 巛 巛 災	丶 宀 宔 害

사회

자연재해 : 예상하지 못한 자연의 변화 모습으로 인해 발생한 피해를 이르는 말.

莫	無	可	奈
없을 **막**	없을 **무**	옳을 **가**	어찌 **내**
十 艹 苜 莫	𠂉 𠂉 無 無	一 丆 口 可	一 大 夲 奈

성어

막무가내 : 도무지 융통성이 없고 고집이 세어 어찌할 수가 없다는 말.

大	聲	痛	哭
큰 **대**	소리 **성**	아플 **통**	울 **곡**
一 ナ 大	士 声 殸 聲	亠 疒 疗 痛	口 吅 罒 哭

국어

대성통곡 : 큰 소리로 목 놓아 슬피 운다는 말.

强	弩	之	末
강할 **강**	쇠뇌 **노**	갈 **지**	끝 **말**
弓 弔 弨 强	女 奴 弩 弩	丶 亠 ㇇ 之	一 二 キ 末

성어

강노지말 : 강한 화살도 나중에는 맥을 못 춘다는 뜻으로, 강하던 것도 시간이 지나면 힘을 잃고 쇠약해진다는 말.

萬	古	不	變
일만 **만**	옛 **고**	아니 **불**	변할 **변**
艹 苗 萬萬	一 十 古 古	一 ⊤ 不 不	言 結 綿 變

만고불변 : 오랜 세월을 두고 길이 변하지 않는다는 뜻으로, 대자연의 유구함을 이르는 말.

怒	發	大	發
성낼 **노**	쏠 **발**	큰 **대**	쏠 **발**
女 奴 怒 怒	⺈ 癶 癶發 發	一 ナ 大	⺈ 癶 癶發 發

노발대발 : 몹시 화를 낸다는 말.

海	東	盛	國
바다 **해**	동녘 **동**	담을 **성**	나라 **국**
氵 汒 海 海	厂 曰 申 東	厂 成 成 盛	冂 冂 國 國

해동성국 : '동쪽의 융성한 나라'라는 뜻으로, 발해가 가장 융성하였던 9세기 전반 중국에서 발해를 부르던 이름.

同	苦	同	樂
한가지 **동**	쏠 **고**	한가지 **동**	즐길 **락**
ㅣ 冂 冂 同	艹 艹 苦 苦	ㅣ 冂 冂 同	白 絈 織 樂

동고동락 : 괴로움도 즐거움도 함께 한다는 뜻으로, 같이 고생하고 같이 즐긴다는 말.

重	商	主	義
무거울 **중**	헤아릴 **상**	주인 **주**	옳을 **의**
一 스 車 重	스 峝 商 商	﹅ 二 十 主	羊 羊 羊 義

중상주의 : 자본주의 생성기에 절대주의 국가가 취한 경제정책.

立	體	圖	形
설 **입**	몸 **체**	그림 **도**	모양 **형**
﹅ 二 方 立	品 骨 體 體	冂 門 周 圖	一 二 开 形

입체도형 : 삼차원의 공간에 부피를 가진 여러 가지 도형을 이르는 말.

切	齒	腐	心
끊을 **절**	이 **치**	썩을 **부**	마음 **심**
一 七 切 切	卜 半 齒 齒	广 庐 府 腐	﹅ 心 心 心

절치부심 : 이를 갈고 속을 썩인다는 뜻으로, 몹시 분하게 여긴다는 말.

山	戰	水	戰
뫼 **산**	싸울 **전**	물 **수**	싸울 **전**
｜ 山 山	罒 咢 單 戰	｜ 才 水 水	罒 咢 單 戰

산전수전 : 산에서 싸우고 물에서 싸운다는 뜻으로, 세상살이를 하면서 온갖 일을 다 경험하였다는 말.

表	裏	不	同	鳥	足	之	血
겉 표	속 리	아닐 부	한가지 동	새 조	발 족	갈 지	피 혈
三丰表表	亠声裏裏	一ブイ不	丨冂冋同	亻自烏鳥	丶口卫足	丶亠之	丶亻白血

표리부동 : 마음이 음흉맞아서 겉과 속이 다름. 속 다르고 겉 다르다는 말.

不	問	曲	直	千	紫	萬	紅
아니 불	물을 문	굽을 곡	곧을 직	일천 천	자주빛 자	일만 만	붉을 홍
一ブイ不	丨門門問	丨冂曰曲	十古直直	一二千	止此紫紫	艹苩莒萬	幺糸糸紅

조족지혈 : 새 발의 피라는 뜻으로, 아주 적은 분량을 비유하는 말.

불문곡직 : 옳고 그른 것을 묻지도 않는다는 뜻으로, 잘잘못을 따져 묻지도 않는다는 말.

천자만홍 : 여러 가지 울긋불긋한 빛깔이라는 뜻으로, 여러 가지 빛깔의 꽃이 만발한다는 말.

難	攻	不	落	代	代	孫	孫
어려울 **난**	칠 **공**	아니 **불**	떨어질 **락**	대신할 **대**	대신할 **대**	손자 **손**	손자 **손**
⺾ 堇 歎 難	一 工 攻 攻	一 丁 ア 不	⺾ 艹 茨 落	ノ イ 忄 代	ノ イ 忄 代	了 孑 孫 孫	了 孑 孫 孫

난공불락 : 공격하기가 어려워 쉽사리 함락되지 않는다는 말.

대대손손 : 대대로 이어 내려오는 자손을 이르는 말.

氣	高	萬	丈	民	族	主	義
기운 **기**	높을 **고**	일만 **만**	어른 **장**	백성 **민**	겨레 **족**	주인 **주**	옳을 **의**
′ 气 氣 氣	亠 高 高 高	⺾ 苩 莒 萬	一 ナ 丈	⁊ ヲ 尸 民	′ 方 斻 族	丶 亠 十 主	⺝ ⺷ 羊 義

기고만장 : 기운의 높이가 만 길이라는 뜻으로, 일이 뜻대로 잘 될 때 기꺼워하거나, 또는 성을 낼 때에 그 기운이 펄펄 난다는 말.

민족주의 : 민족의 독립이나 통일, 또는 우월성을 내세우는 사상이나 운동을 이르는 말.

永	生	不	滅
길 **영**	날 **생**	아니 **불**	멸망할 **멸**
亅 刁 永 永	丿 ┌ 牛 生	一 丆 不 不	氵 汀 沪 滅

성어

영생불멸 : 영원히 살아서 없어지지 않는다는 말.

燈	火	可	親
등잔 **등**	불 **화**	옳을 **가**	친할 **친**
火 灯 燈 燈	丶 丷 少 火	一 丆 口 可	立 亲 亲 親

성어

등화가친 : 등불을 가까이한다는 뜻으로, 글 읽기에 좋은 시절. 곧 가을철을 이르는 말.

天	生	緣	分
하늘 **천**	날 **생**	인연 **연**	나눌 **분**
一 二 于 天	丿 ┌ 牛 生	幺 糸 紵 緣	丿 八 分 分

국어

천생연분 : 하늘에서 미리 마련하여 준 연분을 이르는 말.

固	定	觀	念
굳을 **고**	정할 **정**	볼 **관**	생각할 **념**
冂 門 固 固	丶 宀 宇 定	艹 苗 藋 觀	人 今 念 念

국어

고정관념 : 자연히 마음이 그리로 가서 항상 의식에 고착되어 있는 관념을 이르는 말.

無	盡	無	窮
없을 **무**	다될 **진**	없을 **무**	다할 **궁**
ノ 仁 血 無	⼅ 聿 聿 盡	ノ 仁 血 無	宀 穷 窮 窮

무진무궁 : 한이 없고 끝이 없다는 말.

獨	也	靑	靑
홀로 **독**	어조사 **야**	푸를 **청**	푸를 **청**
犭 獨 獨 獨	⼁ 力 也	一 主 靑 靑	一 主 靑 靑

독야청청 : 홀로 푸르다는 뜻으로, 홀로 높은 절개를 지켜 늘 변함이 없다는 말.

主	權	在	民
주인 **주**	권세 **권**	있을 **재**	백성 **민**
` ⼇ 十 主	木 村 椚 權	一 ナ 在 在	⼸ ⼹ 尸 民

주권재민 : 나라의 주권이 국민에게 있다는 말.

先	制	攻	擊
먼저 **선**	마를 **제**	칠 **공**	칠 **격**
⼂ 牛 生 先	⼅ 눅 制 制	一 工 攻 攻	亚 畫 墼 擊

선제공격 : 상대편을 견제하기 위하여 선수를 쳐서 공격한다는 말.

♣ 한자의 뜻과 음을 읽으며 쓰세요.

洗	踏	足	白	速	戰	速	決
씻을 **세**	밟을 **답**	발 **족**	흰 **백**	빠를 **속**	싸울 **전**	빠를 **속**	결단할 **결**
氵 氵 泩 洗	口 𧾷 跳 踏	丶 口 𧾷 足	丿 亻 白 白	一 申 束 速	罒 罒 單 戰	一 申 束 速	丶 氵 汁 決

성어

세답족백 : 상전의 빨래에 종의 발뒤꿈치가 희어진다는 뜻으로, 남의 일을 하여 얻어지는 소득을 이르는 말.

국어

속전속결 : 싸움을 오래 끌지 않고 빨리 끝장을 낸다는 말.

賢	母	良	妻	萬	物	博	士
어질 **현**	어미 **모**	좋을 **양**	아내 **처**	일만 **만**	만물 **물**	넓을 **박**	선비 **사**
臣 臤 賢 賢	乚 毋 母 母	丶 ヨ 良 良	一 彐 妻 妻	艹 苜 萬 萬	𠂉 牛 牞 物	十 𢆉 博 博	一 十 士

국어

현모양처 : 어진 어머니인 동시에 착한 아내를 이르는 말.

국어

만물박사 : 여러 방면에 모르는 것이 없이 박식한 사람을 이르는 말.

獨	不	將	軍	家	家	戶	戶
홀로 **독**	아니 **불**	장수 **장**	군사 **군**	집 **가**	집 **가**	집 **호**	집 **호**
犭 犭 獪 獨	一 ァ 不 不	丬 爿 將 將	冖 冎 冐 軍	宀 宁 宏 家	宀 宁 宏 家	` 冫 彐 戶	` 冫 彐 戶

독불장군 : 남의 의견은 묵살하고 저 혼자 모든 일을 처리하는 사람을 이르는 말.

가가호호 : 한 집 한 집을 이르는 말.

薄	利	多	賣	事	必	歸	正
엷을 **박**	이로울 **리**	많을 **다**	팔 **매**	일 **사**	반드시 **필**	돌아갈 **귀**	바를 **정**
艹 艻 蒲 薄	二 千 禾 利	ノ 夕 多 多	士 声 壹 賣	一 中 亘 事	` ソ 必 必	阜 皀 歸 歸	一 下 正 正

박리다매 : 상품의 이익을 적게 보고 많이 팔아 전체의 이익을 올린다는 말.

사필귀정 : 모든 일은 반드시 바른 데로 돌아간다는 뜻으로, 처음에는 잘못되어 가더라도 반드시 바른 길로 돌아서게 된다는 말.

天	然	資	源
하늘 **천**	그러할 **연**	재물 **자**	근원 **원**
一 二 于 天	ク 夕 然 然	冫 次 資 資	氵 沪 源 源

천연자원 : 천연적으로 존재하여 인간 생활이나 생산 활동에 이용할 수 있는 물자나 에너지를 이르는 말.

雪	上	加	霜
눈 **설**	위 **상**	더할 **가**	서리 **상**
厂 帀 雪 雪	丨 卜 上	フ カ 加 加	一 雨 霜 霜

설상가상 : 눈 위에 또 서리가 덮인 격이라는 뜻으로, 어려운 일이 연거푸 일어난다는 말.

子	子	孫	孫
아들 **자**	아들 **자**	손자 **손**	손자 **손**
フ 了 子	フ 了 子	了 孑 孫 孫	了 孑 孫 孫

자자손손 : 자손의 여러 대를 이르는 말.

前	代	未	聞
앞 **전**	대신할 **대**	아닐 **미**	들을 **문**
丷 产 前 前	ノ イ 代 代	一 二 キ 未	丨 門 門 聞

전대미문 : 이제까지 들은 적이 없다는 뜻으로, 매우 놀라운 일이나 새로운 것을 두고 이르는 말.

♣ 한자의 뜻과 음을 읽으며 쓰세요.

不	可	思	議
아니 **불**	옳을 **가**	생각할 **사**	의논할 **의**
一丆不不	一丁可可	口田思思	言 言 詳 議

국어

불가사의 : 사람의 생각으로는 미루어 헤아릴 수 없이 이상야릇하다는 말.

口	禍	之	門
입 **구**	재앙 **화**	갈 **지**	문 **문**
丨 冂 口	礻 祀 禍 禍	丶 亠 ㇇ 之	𠃌 𠃌 門 門

성어

구화지문 : 입이 재앙을 불러들이는 문이 된다는 뜻으로, 말을 삼가도록 경계하라는 말.

累	卵	之	勢
묶을 **누**	알 **란**	갈 **지**	형세 **세**
口 田 罒 累	𠂎 卯 卵 卵	丶 亠 ㇇ 之	土 坴 埶 勢

성어

누란지세 : 알을 포개 놓은 위기라는 뜻으로, 매우 위태로운 형세를 비유적으로 나타낸 말.

堂	狗	風	月
집 **당**	개 **구**	바람 **풍**	달 **월**
⺌ 尚 尚 堂	犭 犭 狗 狗	丿 几 凨 風	丿 月 月 月

성어

당구풍월 : 서당개도 풍월을 읊는다는 뜻으로, 무식한 사람도 유식한 사람들 틈에 있다 보면 다소 유식해진다는 말.

針	小	棒	大
바늘 **침**	작을 **소**	몽둥이 **봉**	큰 **대**
ノ 수 金 針	亅 小 小	木 杵 梼 棒	一 ナ 大

침소봉대 : 바늘만 한 것을 몽둥이만 하다고 한다는 뜻으로, 심하게 과장하여 말을 한다는 말.

食	少	事	煩
밥 **식**	적을 **소**	일 **사**	괴로워할 **번**
入 今 食 食	亅 小 小 少	一 弖 写 事	火 灯 煩 煩

식소사번 : 먹는 것은 적고 하는 일은 많다는 뜻으로, 자신의 몸은 돌보지 않고 일에 몰두하는 태도를 비유하는 말.

聯	作	小	說
잇닿을 **연**	지을 **작**	작을 **소**	말씀 **설**
耳 聯 聯 聯	ノ イ 作 作	亅 小 小	亠 言 訡 說

연작소설 : 여러 작가가 한 부분씩을 맡아 쓴 것을, 한데 모아 하나로 만든 소설을 이르는 말.

奔	走	多	事
달릴 **분**	달릴 **주**	많을 **다**	일 **사**
ナ 夳 夳 奔	十 土 丰 走	ク タ 多 多	一 弖 写 事

분주다사 : 일이 많아서 몹시 바쁘다는 말.

吾	鼻	三	尺
나 **오**	코 **비**	석 **삼**	자 **척**
一五吾吾	竹白畠鼻	一二三	コヨ尸尺

성어

오비삼척 : 내 코가 석 자라는 뜻으로, 자신도 곤경에 처하여 남을 돌아볼 여지가 없음을 이르는 말.

甘	言	利	說
달 **감**	말씀 **언**	이로울 **이**	말씀 **설**
一十廿甘	丶亠言言	二千禾利	二言說說

성어

감언이설 : 남의 비위를 맞추는 달콤한 말과 이로운 조건만 들어 그럴듯하게 꾸미는 말.

淸	淨	水	域
맑을 **청**	깨끗할 **정**	물 **수**	지경 **역**
氵汁淸淸	氵氵淨淨	刂刂水水	圵圹域域

사회

청정수역 : 해양 자원을 보호하고 연안 양식 지역에서 발생하는 해수 오염을 방지하기 위하여 설정한 지역을 이르는 말.

坊	坊	曲	曲
동네 **방**	동네 **방**	굽을 **곡**	굽을 **곡**
圵圹坊坊	圵圹坊坊	丨口曰曲	丨口曰曲

성어

방방곡곡 : 한군데도 빼놓지 않고 갈 수 있는 모든 곳을 이르는 말.

正	當	防	衛
바를 **정**	마땅할 **당**	막을 **방**	지킬 **위**
一 丅 正 正	丷 ⺌ 当 當	阝 阝 阞 防	彳 徍 律 衛

정당방위 : 급박하고 부당한 침해에 대해, 자기 또는 타인의 권리를 방어하기 위하여 부득이 행하는 가해 행위를 이르는 말.

虎	死	留	皮
범 **호**	죽을 **사**	머무를 **유**	가죽 **피**
广 虍 虎 虎	一 歹 歹 死	匕 𠃊 留 留	丿 厂 广 皮

성어

호사유피 : 호랑이는 죽어서 모피를 남긴다는 뜻으로, 사람은 죽어서 명예를 남겨야 한다는 말.

人	造	纖	維
사람 **인**	지을 **조**	가늘 **섬**	바 **유**
丿 人	牛 告 造	糹 纖 纖	糹 糸 約 維

가정

인조섬유 : 인공적으로 만들어 낸 섬유를 이르는 말.

苦	盡	甘	來
쓸 **고**	다될 **진**	달 **감**	올 **래**
十 艹 芒 苦	刍 聿 聿 盡	一 十 廿 甘	十 朩 夾 來

성어

고진감래 : 쓴 것이 다하면 단 것이 온다는 뜻으로, 고생한 끝에는 그 보람으로 즐거움이 온다는 말.

自	問	自	答	恐	怖	政	治
스스로 **자**	문을 **문**	스스로 **자**	대답 **답**	두려울 **공**	두려울 **포**	정사 **정**	다스릴 **치**
′ ⺈ 自 自	⺁ ⺁ 門 問	′ ⺈ 自 自	⺮ ⺮ 笒 答	⼯ 巩 恐 恐	⺖ ⺖ 怖 怖	⺊ 正 政 政	⺀ ⺡ 沿 治

성어

자문자답 : 자기가 묻고 자기가 답을 한다는 말.

사회

공포정치 : 정권을 유지·획득하기 위하여 대중에게 공포감을 주는 정치를 이르는 말.

自	畫	自	讚	淸	風	明	月
스스로 **자**	그림 **화**	스스로 **자**	기릴 **찬**	맑을 **청**	바람 **풍**	밝을 **명**	달 **월**
′ ⺈ 自 自	⺻ 書 畫 畫	′ ⺈ 自 自	言 言 讚 讚	⺀ ⺡ 淸 淸	⼃ ⼏ 凨 風	⼂ 日 明 明	⼃ ⼌ 月 月

성어

자화자찬 : 자기가 그린 그림을 스스로 칭찬한다는 뜻으로, 자기가 한 일을 자기 스스로 자랑한다는 말.

국어

청풍명월 : 맑은 바람과 밝은 달이라는 뜻으로, 결백하고 온건한 성격을 평하여 이르는 말.

凍	足	放	尿
얼 **동**	발 **족**	놓을 **방**	오줌 **뇨**
冫冫沪渖凍	丶口甲足	亠方方放	尸尸月尿

성어

동족방뇨 : 언 발에 오줌 누기라는 뜻으로, 한때 도움이 될 뿐 곧 효력이 없어져 더 나쁘게 되는 일을 이르는 말.

弘	益	人	間
넓을 **홍**	더할 **익**	사람 **인**	사이 **간**
弓弘弘	八公谷益	丿人	丨丨門間

사회

홍익인간 : 널리 인간을 이롭게 한다는 고조선의 건국 이념을 이르는 말.

深	思	熟	考
깊을 **심**	생각할 **사**	익을 **숙**	생각할 **고**
冫冫渁深	口田思思	亯享孰熟	一土耂考

국어

심사숙고 : 깊이 생각한다는 뜻으로, 신중을 기하여 곰곰이 생각하여 결론을 낸다는 말.

見	蚊	拔	劍
볼 **견**	모기 **문**	뺄 **발**	칼 **검**
丨冂目見	口虫虻蚊	扌扩拔	人僉僉劍

성어

견문발검 : 모기를 보고 검을 뺀다는 뜻으로, 하찮은 일에 너무 거창하게 덤빈다는 말.

自	强	不	息
스스로 **자**	굳셀 **강**	아니 **불**	숨쉴 **식**
′ ′ ′ 自	弓 弓 弘 强	一 ナ 不 不	′ 自 息 息

句	句	節	節
글귀 **구**	글귀 **구**	마디 **절**	마디 **절**
′ ′ 勹 句	′ ′ 勹 句	^ ⺮ 筲 節	^ ⺮ 筲 節

자강불식 : 부지런히 몸과 마음을 가다듬고 수양하는 데 쉬지 않고 힘을 쓴다는 말.

구구절절 : 모든 구절 또는 구절 구절마다를 이르는 말.

白	衣	從	軍
흰 **백**	옷 **의**	좇을 **종**	군사 **군**
′ ′ 白 白	一 ナ 衤 衣	彳 彿 從 從	冖 冒 冒 軍

敗	家	亡	身
패할 **패**	집 **가**	망할 **망**	몸 **신**
目 貝 貯 敗	宀 宀 家 家	丶 亠 亡	′ 勹 自 身

백의종군 : 벼슬이 없는 사람으로 군대를 따라 싸움터로 나아간다는 말.

패가망신 : 집안의 재물을 도두 써서 없애고 자기 몸을 망친다는 말.

♣ 한자의 뜻과 음을 읽으며 쓰세요.

在	宅	勤	務
있을 **재**	집 **택**	부지런할 **근**	일 **무**
一ナ左在	丶宀宅宅	廿苩堇勤	マ予矜務

사회

재택근무 : 날마다 직장에 출근하지 않고 자기 집에서 근무한다는 말.

束	手	無	策
묶을 **속**	손 **수**	없을 **무**	채찍 **책**
一戸申束	一二三手	𠂉𠂒無無	⺮竺笞策

성어

속수무책 : 손이 묶인 듯이 어찌할 도리가 없어 꼼짝 못한다는 말.

節	肢	動	物
마디 **절**	사지 **지**	움직일 **동**	만물 **물**
⺮竹笪節	刀月肝肢	二台重動	𠂉牛牞物

과학

절지동물 : 동물 분류 한 가지로 일반적으로 몸이 작고 여러 개의 환절로 이루어진 것을 이르는 말.

傍	若	無	人
곁 **방**	같을 **약**	없을 **무**	사람 **인**
亻仁倅傍	十艹芐若	𠂉𠂒無無	ノ人

성어

방약무인 : 주변에 사람이 없는 듯이 행동한다는 뜻으로, 곁에 아무도 없는 것같이 거리낌 없이 함부로 행동한다는 말.

物	物	交	換
만물 물	만물 물	사귈 교	바꿀 환
´ ⺧ 牜 物物	´ ⺧ 牜 物物	亠 六 亣 交	扌 扩 換 換

사회

물물교환 : 교환의 원시적 형태로, 직접 물건과 물건을 서로 바꾸는 것을 이르는 말.

事	大	主	義
일 사	큰 대	주인 주	옳을 의
一 口 write 事	一 ナ 大	丶 二 十 主	亠 write 羊 義

국어

사대주의 : 주체성이 없이 세력이 강한 나라나 사람을 받들어 자신의 존립을 유지하려는 주의를 이르는 말.

電	光	石	火
번개 전	빛 광	돌 석	불 화
一 雨 雨 電	丨 ⺌ 尐 光	一 丆 石 石	丶 丷 少 火

국어

전광석화 : 번갯불과 부싯돌을 칠 때 나는 불꽃이라는 뜻으로, 아주 빠르거나 짧은 시간을 이르는 말.

天	高	馬	肥
하늘 천	높을 고	말 마	살찔 비
一 二 于 天	亠 高 高 高	厂 匡 馬 馬	刀 月 肝 肥

성어

천고마비 : 하늘이 높고 말이 살찐다는 뜻으로, 가을이 썩 좋은 절기임을 일컫는 말.

事	事	件	件
일 **사**	일 **사**	사건 **건**	사건 **건**
一口彐事	一口彐事	ノイ仁件	ノイ仁件

사사건건 : 모든 일. 온갖 사건을 이르는 말.

左	衝	右	突
왼 **좌**	찌를 **충**	오른쪽 **우**	갑자기 **돌**
一ナ左左	彳徝徸衝	ノナ右右	宀穴穷突

좌충우돌 : 닥치는 대로 이리저리 마구 찌르고 치고받는다는 말.

萬	事	亨	通
일만 **만**	일 **사**	형통할 **형**	통할 **통**
艹苗萬萬	一口彐事	亠古亨亨	冖용甬通

만사형통 : 모든 일이 뜻한 대로 잘 이루어진다는 뜻으로, 다 잘 풀려나간다는 말.

同	床	異	夢
한가지 **동**	평상 **상**	다를 **이**	꿈 **몽**
丨冂冂同	丶广庌床	冂田畀異	艹苗蓝夢

동상이몽 : 같은 잠자리에서 다른 꿈을 꾼다는 뜻으로, 겉으로는 같이 행동하면서도 속으로는 각각 다른 생각을 하고 있다는 말.

必	須	科	目
반드시 **필**	모름지기 **수**	과정 **과**	눈 **목**
`ヽ ソ 必必`	`彡 纟 須須`	`二 禾 禾 科`	`丨 冂 月 目`

필수과목 : 반드시 배워야 하는 과목을 이르는 말.

立	憲	主	義
설 **입**	법 **헌**	주인 **주**	옳을 **의**
`ヽ 二 亠 立`	`宀 宝 富 憲`	`ヽ 二 主 主`	`亠 羊 義`

입헌주의 : 입헌 정치의 체제를 이상으로 하고 이것의 성장 · 실현을 꾀하는 주의를 이르는 말.

駭	怪	罔	測
놀랄 **해**	기이할 **괴**	그물 **망**	잴 **측**
`卩 馬 駭駭`	`忄 忄 怪怪`	`丨 冂 冏 罔`	`氵 泪 浿 測`

해괴망측 : 헤아릴 수 없으리 만큼 해괴하다는 말.

四	象	醫	學
넉 **사**	코끼리 **상**	의원 **의**	배울 **학**
`丨 冂 四 四`	`ク 色 象 象`	`匚 殹 醫醫`	`F 臼 與 學`

사상의학 : 같은 종류의 질병이라도 사람의 체질에 따라 다른 약을 써야 한다는 말.

偶	像	崇	拜
짝 우	형상 상	높을 숭	절 배
亻 们 俱 偶	亻 佮 傻 像	屮 屵 峃 崇	二 手 拝 拜

우상숭배 : 신 이외의 사람이나 물체를 신앙의 대상으로 숭배한다는 말.

祭	天	行	事
제사 제	하늘 천	다닐 행	일 사
夕 夗 怒 祭	一 二 于 天	丿 彳 行 行	一 口 亨 事

제천행사 : 하늘에 제사를 지낸다는 말.

筆	記	試	驗
붓 필	기록할 기	시험할 시	시험할 험
灬 笁 筆 筆	言 言 記	言 言 試 試	馬 馬 駘 驗

필기시험 : 답안을 글로 써서 치르는 시험을 이르는 말.

中	樞	神	經
가운데 중	지도리 추	귀신 신	지날 경
丨 口 口 中	十 木 杠 樞	二 示 邧 神	幺 糸 經 經

중추신경 : 중추적인 역할을 하는 신경을 이르는 말.

冊	床	退	物
책 **책**	평상 **상**	물러날 **퇴**	만물 **물**
丨冂冊冊	丶广庁床	ヨ艮浪退	丷牛物物

책상퇴물 : 글공부만 하다가 갓 사회에 나와서 산지식이 없어 세상 물정에 어두운 사람을 낮잡아 이르는 말.

彼	此	一	般
저 **피**	이 **차**	한 **일**	돌 **반**
丿彳彳彼彼	卜止止此	一	丿月舟般

피차일반 : 두 편이 서로 같음. 서로가 마찬가지라는 말.

遠	心	分	離
멀 **원**	마음 **심**	나눌 **분**	떠날 **리**
土吉袁遠	丿心心心	丿八分分	卤离离離

원심분리 : 혼합물을 회전시켜 멀리 떨어뜨리면서 성분 물질로 나누는 방법을 이르는 말.

緘	口	不	言
봉할 **함**	입 **구**	아니 **불**	말씀 **언**
糹糽緘緘	丨口口	一丆不不	丶宀言言

함구불언 : 입을 다물고 아무런 말도 하지 않는다는 말.

惡	事	千	里	全	知	全	能
악할 **악**	일 **사**	일천 **천**	마을 **리**	온전할 **전**	알 **지**	온전할 **전**	능할 **능**
ㄱㅌㅠ惡	一ㅋ写事	ノ二千	口曰甲里	ノ入今全	㇄午知知	ノ入今全	㇗月能能

국어

악사천리 : 나쁜 일은 그 소문이 단숨에 천리를 간다는 뜻으로, 우리나라의 속담 '발 없는 말이 천리를 간다'와 의미가 비슷한 말.

성어

전지전능 : 무엇이나 다 알고 무엇이나 행하는 절대자의 능력을 이르는 말.

我	田	引	水	名	實	相	符
나 **아**	밭 **전**	끌 **인**	물 **수**	이름 **명**	열매 **실**	서로 **상**	부신 **부**
㇗手我我	丨冂田田	ㄱㄱ弓引	刂기水水	ノ夕夕名	宀宷審實	十木相相	㇗竹竹符

성어

아전인수 : 자기 논에 물을 끌어댄다는 뜻으로, 남을 생각하지 않고 자기에게만 이롭게 한다는 말.

국어

명실상부 : 이름과 실제가 서로 들어맞는다는 뜻으로, 들리는 말과 사실이 꼭 들어맞는다는 말.

創	氏	改	名	滿	場	一	致
비롯할 **창**	성 **씨**	고칠 **개**	이름 **명**	찰 **만**	마당 **장**	한 **일**	보낼 **치**
⺈⼾倉創	⺈⺁⺝氏	⺈⼸⼿改	⼃⼣⼣名	氵洰洰滿	⼟圤圤場	一	乙至⿰⿰致

국어

창씨개명 : 일제가 강제로 우리나라 사람의 이름을 일본식으로 고치게 한 일을 이르는 말.

성어

만장일치 : 회장에 모인 여러 사람의 뜻이 한결같다는 말.

特	用	作	物	珍	羞	盛	饌
특별할 **특**	쓸 **용**	지을 **작**	만물 **물**	보배 **진**	바칠 **수**	담을 **성**	반찬 **찬**
⼃牜牜特	⼁⼌⺝用	⼃⼂⼇作	⼃牜牜物	⼀王珎珍	⺍⺶羞羞	⼚成成盛	⼃⺈饂饌

국어

특용작물 : 식용 이외의 특별한 용도에 쓰이는 농작물을 이르는 말.

국어

진수성찬 : 맛이 좋고 푸짐하게 차린 음식을 이르는 말.

背	恩	忘	德	漁	父	之	利
등 **배**	은혜 **은**	잊을 **망**	덕 **덕**	고기잡을 **어**	아비 **부**	갈 **지**	이로울 **리**
ㅏ北背背	冂因恩恩	丶亡忘忘	彳彳德德	氵氵渔漁	丿ハ父父	丶丶之之	ㄴ千禾利

성어

배은망덕 : 남한테 입은 은덕을 저버리고 배반한다는 말.

성어

어부지리 : 쌍방이 다투는 틈을 타서 제삼자가 애쓰지 않고 가로챈 이득을 이르는 말.

買	占	賣	惜	體	内	受	精
살 **매**	차지할 **점**	팔 **매**	아낄 **석**	몸 **체**	안 **내**	받을 **수**	자세할 **정**
冂四買買	卜卜占占	土壺賣賣	忄忄惜惜	뭐骨體體	丨冂内内	爫爫受受	丷米精精

국어

매점매석 : 물건 값이 오를 것을 예상하여, 어떤 상품을 한꺼번에 많이 사 두고 되도록 팔지 않는다는 말.

과학

체내수정 : 몸 안에서 수정이 이루어진다는 말.

面	從	腹	背
얼굴 **면**	좇을 **종**	배 **복**	등 **배**
一 丆 而 面	亻 祉 徔 從	月 肹 胪 腹	㇇ 北 背 背

면종복배 : 겉으로는 복종하는 체하면서 내심으로는 배반한다는 말.

天	災	地	變
하늘 **천**	재앙 **재**	땅 **지**	변할 **변**
一 二 チ 天	丶 巛 災 災	一 土 圿 地	言 絲 戀 變

천재지변 : 지진이나 홍수 따위 자연의 재앙을 이르는 말.

自	激	之	心
스스로 **자**	격할 **격**	갈 **지**	마음 **심**
丶 亻 自 自	氵 泊 潝 激	丶 亠 ㇇ 之	丶 心 心 心

자격지심 : 자기가 한 일에 대해 자기 스스로 미흡하게 여기는 마음을 이르는 말.

標	準	化	石
표할 **표**	범도 **준**	될 **화**	돌 **석**
木 栶 桾 標	氵 汄 淮 準	丿 亻 伒 化	一 丆 石 石

표준화석 : 어떤 시대를 나타내는 대표적인 기준이 되는 화석을 이르는 말.

身	體	檢	査
몸 신	몸 체	조사할 검	조사할 사
′ ′ 自 身	罒 骨 骨豊 體	木 朴 檢 檢	十 木 杏 査

신체검사 : 인체의 건강 상태를 알아보기 위해 신체의 각 부분을 검사한다는 말.

永	遠	不	滅
길 영	멀 원	아니 불	멸망할 멸
丿 才 永 永	土 吉 袁 遠	一 ア 不 不	氵 汀 汻 滅

성어

영원불멸 : 영원히 계속되어 없어지지 않는다는 말.

山	間	奧	地
뫼 산	사이 간	속 오	땅 지
丨 山 山	𠂆 門 門 間	冂 向 向 奧	一 土 圠 地

국어

산간오지 : 산간의 아주 외진 곳을 이르는 말.

勞	動	組	合
일할 노	움직일 동	짤 조	합할 합
⺌ 炒 炒 勞	二 亓 重 動	糸 糸 刹 組	人 스 合 合

사회

노동조합 : 노동자가 노동 조건의 유지·개선 및 사회적 지위의 확립과 향상을 목적으로 하여 조직하는 단체나 또는 그 연합체를 이르는 말.

虛	虛	實	實
빌 **허**	빌 **허**	열매 **실**	열매 **실**
广广卢虛	广广卢虛	宀宓審實	宀宓審實

허허실실 : 적의 허를 찌르고 실을 피한다는 뜻으로, 서로 계략을 다하여 싸우는 모습을 이르는 말.

衆	口	難	防
무리 **중**	입 **구**	어려울 **난**	막을 **방**
血幽衆	丨口口	廿莫難難	阝阝防

국어

중구난방 : 뭇사람의 여러 가지 의견을 하나하나 받아넘기기 어려움을 이르는 말.

夜	半	逃	走
밤 **야**	반 **반**	달아날 **도**	달릴 **주**
亠广夜夜	丷二半	丿丬兆逃	十土丰走

성어

야반도주 : 남의 눈을 피해 한밤중에 도망한다는 말.

特	別	活	動
특별할 **특**	나눌 **별**	살 **활**	움직일 **동**
牛牛特	口号別別	氵汗活	旨重動

국어

특별활동 : 학교 교육 과정에서 교과 학습 이외의 특별 교육 활동을 이르는 말.

音	聲	言	語	猛	虎	伏	草
소리 **음**	소리 **성**	말씀 **언**	말씀 **어**	사나울 **맹**	범 **호**	엎드릴 **복**	풀 **초**
음 音音	声 殸聲	言言言	言言語語	犭狞猛	广卢虎	亻仁伏伏	艹苗草

국어

음성언어 : 음성으로 나타내는 언어를 이르는 말.

성어

맹호복초 : 사나운 범이 풀숲에 엎드려 있다는 뜻으로, 영웅이 때를 기다리며 한때 숨어 지낸다는 말.

草	綠	同	色	轉	禍	爲	福
풀 **초**	푸를 **록**	한가지 **동**	빛 **색**	구를 **전**	재앙 **화**	할 **위**	복 **복**
艹苗草	幺糸絲綠	丨冂冂同	夕夕色色	亘車轉轉	示祁祸禍	爫尸爲爲	二示祁福

국어

초록동색 : 풀과 녹색은 같은 빛이라는 뜻으로, 이름은 다르나 따지고 보면 한 가지라는 말.

성어

전화위복 : 재앙과 근심이 바뀌어 오히려 복이 된다는 말.

言	中	有	骨
말씀 **언**	가운데 **중**	있을 **유**	뼈 **골**
` 亠 言 言	` 冂 口 中	一 ナ 有 有	冂 吊 骨 骨

국어

언중유골 : 말 가운데 뼈가 들어 있다는 뜻으로, 예사로운 말 같으나 그 속에 단단한 속뜻이 들어 있다는 말.

鷄	卵	有	骨
닭 **계**	알 **란**	있을 **유**	뼈 **골**
⺈ 奚 鷄 鷄	⺃ 彡 夘 卵	一 ナ 有 有	冂 吊 骨 骨

성어

계란유골 : 달걀에도 뼈가 있다는 뜻으로, 늘 일이 잘 안 되는 사람은 모처럼 좋은 기회를 만나도 역시 잘 안 되는 것을 이르는 말.

勇	氣	百	倍
날쌜 **용**	기운 **기**	일백 **백**	곱 **배**
⺈ 甬 甬 勇	⺈ 气 気 氣	一 丆 百 百	亻 仁 位 倍

국어

용기백배 : 격려나 응원 따위로 힘이나 용기를 더 낸다는 말.

異	口	同	聲
다를 **이**	입 **구**	한가지 **동**	소리 **성**
冂 田 異 異	` 冂 口	丨 冂 冂 同	⺧ 声 殸 聲

성어

이구동성 : 여러 사람의 주장이나 의견이 한결 같다는 말.

胞	子	植	物	産	業	災	害
태보 **포**	아들 **자**	심을 **식**	만물 **물**	낳을 **산**	업 **업**	재앙 **재**	해칠 **해**
月 月 朐 胞	⁊ 了 子	木 朾 柿 植 植	ノ 牛 牞 物	亠 亠 产 産	" ⺌ 丵 業	巛 巛 災 災	丶 宀 宝 害

과학

포자식물 : 포자에 의하여 번식하는 식물을 이르는 말.

가정

산업재해 : 근로자가 작업 환경이나 작업 활동 등의 노동 과정에서 일어나는 사고를 이르는 말.

蓋	棺	事	定	搖	之	不	動
덮을 **개**	널 **관**	일 **사**	정할 **정**	흔들 **요**	갈 **지**	아닐 **부**	움직일 **동**
⺿ 芏 莠 蓋	十 木 柠 棺	一 弖 写 事	丶 宀 宁 定	扌 扖 挥 搖	丶 亠 宁 之	一 丆 不 不	亠 台 重 動

성어

개관사정 : 관 뚜껑을 덮고 난 뒤에야 안다는 뜻으로, 사람은 죽고 난 뒤에야 정당한 평가를 할 수 있다는 말.

국어

요지부동 : 흔들어도 조금도 움직이지 않는다는 말.

♣ 한자의 뜻과 음을 읽으며 쓰세요.

糊	口	之	策
풀칠할 **호**	입 **구**	갈 **지**	채찍 **책**
丷 米 粘 糊	丨 冂 口	丶 ⺀ ラ 之	⺈ ⺮ 笞 策

국어

호구지책 : 입에 풀칠한다는 뜻으로, 빈곤한 생활에서 겨우 먹고 살아가는 방책을 이르는 말.

外	柔	內	剛
밖 **외**	부드러울 **유**	안 **내**	굳셀 **강**
丿 夕 夘 外	マ 矛 柔 柔	丨 冂 内 內	冂 冂 岡 剛

국어

외유내강 : 겉으로는 부드럽고 순하게 보이나 마음속은 단단하고 굳세다는 말.

好	事	多	魔
좋을 **호**	일 **사**	많을 **다**	마귀 **마**
𡿨 女 好 好	一 𠫓 亊 事	ク 夕 多 多	广 麻 麿 魔

성어

호사다마 : 좋은 일에는 나쁜 일도 많이 뒤따른다는 뜻으로, 좋은 일이 성취되기 위해서는 그만큼 노력과 고충이 뒤따른다는 말.

竹	馬	故	友
대 **죽**	말 **마**	옛 **고**	벗 **우**
丿 𠂉 竹 竹	厂 F 馬 馬	一 十 十 古	一 ナ 方 友

성어

죽마고우 : 대나무 말을 타고 놀던 벗이라는 뜻으로, 어렸을 때부터 같이 놀며 친하게 지내온 벗을 이르는 말.

鶴	首	苦	待
학 **학**	머리 **수**	쓸 **고**	기다릴 **대**
⺗⺉雀鶴鶴	⺀⺍⺌芐首	⺹⺾芒苦	⼃⼻牟待待

성어

학수고대 : 학처럼 목을 빼고 기다린다는 뜻으로, 몹시 애타게 기다린다는 말.

殉	國	先	烈
죽을 **순**	나라 **국**	먼저 **선**	세찰 **열**
⼅⺃歹殉殉	⼞⼌同國	⼃⺧生先	⼅歹列烈

국어

순국선열 : 나라를 위하여 목숨을 바친 윗대의 열사를 이르는 말.

粉	骨	碎	身
가루 **분**	뼈 **골**	부술 **쇄**	몸 **신**
⺀米粉粉	⼌严骨骨	⼃石碎碎	⼻门自身

성어

분골쇄신 : 뼈가 가루가 되고 몸이 부서진다는 뜻으로, 있는 힘을 다하여 노력한다는 말.

有	限	小	數
있을 **유**	한계 **한**	작을 **소**	셈할 **수**
一ナ有有	⻖⻏限限	⼃小小	⽇曲婁數

수학

유한소수 : 한계가 있는 소수를 이르는 말.

遲	遲	不	進
늦을 **지**	늦을 **지**	아닐 **부**	나아갈 **진**
尸 屁 犀 遲	尸 屁 犀 遲	一 丁 不 不	亻 仁 隹 進

지지부진 : 매우 더뎌 잘 나아가지 않는다는 말.

波	狀	攻	擊
물결 **파**	형상 **상**	칠 **공**	칠 **격**
氵 沪 波	丬 爿 狀 狀	一 工 玏 攻	車 毄 擊

파상공격 : 물결이 밀려오듯이 한 공격 대상에 대하여 계속 되풀이하여 공격하는 것을 이르는 말.

兄	弟	姉	妹
맏 **형**	아우 **제**	누이 **자**	누이 **매**
丶 口 尸 兄	丷 当 吊 弟	女 女 妒 姉	女 女 妁 妹

형제자매 : 형제와 자매를 이르는 말.

南	橘	北	枳
남녘 **남**	귤나무 **귤**	북녘 **북**	탱자 **지**
十 内 南 南	木 杧 橘 橘	十 才 北 北	十 木 朾 枳

남귤북지 : 강남 땅의 귤나무를 강북에 옮겨 심으면 탱자로 변한다는 뜻으로, 사람은 환경에 따라 선하게도 악하게도 된다는 말.

富	貴	榮	華
부자 **부**	귀할 **귀**	영화 **영**	빛날 **화**
宀宀宫富	口虫眚貴	⺌炒炒榮	艹芒萝華

부귀영화 : 재산이 많고 지위가 높으며 영화롭다는 말.

破	竹	之	勢
깨뜨릴 **파**	대 **죽**	갈 **지**	형세 **세**
丿石矿破	丿𠂉竹竹	丶宀之之	土圥執勢

파죽지세 : 대를 쪼갤 때와 같은 형세라는 뜻으로, 큰 적을 거침 없이 물리치고 쳐들어가는 당당한 기세를 이르는 말.

風	致	地	區
바람 **풍**	보낼 **치**	땅 **지**	지경 **구**
丿几凤風	𠬠至𫖮致	一𠀆圤地	𠃌𠯫品區

풍치지구 : 도시 계획의 한 가지로, 도시 안팎의 자연 풍치를 유지하기 위해 지정한 구역을 이르는 말.

治	外	法	權
다스릴 **치**	밖 **외**	법 **법**	권세 **권**
丶氵沪治	丿夕列外	丶氵汢法	木𣏷㮚權

치외법권 : 다른 나라의 영토 안에 있으면서 그 나라 통치권의 지배를 받지 아니하는 국제법상의 권리를 이르는 말.

行	雲	流	水
다닐 행	구름 운	흐를 유	물 수
ノ 彳 彳 行	一 雨 雪 雲	氵 浐 浐 流	丿 刀 水 水

행운유수 : 떠가는 구름과 흐르는 물이라는 뜻으로, 일의 처리에 막힘이 없거나 마음씨가 시원시원하다는 말.

風	飛	雹	散
바람 풍	날 비	우박 박	흩을 산
丿 几 凤 風	乁 飞 飛 飛	一 雨 雷 雹	艹 昔 昔 散

풍비박산 : 바람이 흩어지고 우박이 날리듯 패하여 사방으로 뿔뿔이 흩어진다는 말.

疾	風	怒	濤
병 질	바람 풍	성낼 노	물결 도
一 疒 疒 疾	丿 几 凤 風	女 奴 怒 怒	氵 泮 泮 濤

질풍노도 : 몹시 빠르게 부는 바람과 무섭게 소용돌이치는 물결을 이르는 말.

無	味	乾	燥
없을 무	맛 미	하늘 건	마를 조
一 仁 無 無	口 口 吽 味	吉 卓 乾 乾	火 灯 熠 燥

무미건조 : 맛이 없고 메마르다는 뜻으로, 글이나 그림 또는 분위기 따위가 깔깔하거나 딱딱하여 운치나 재미가 없다는 말.

♣ 한자의 뜻과 음을 읽으며 쓰세요.

自	他	共	認
스스로 **자**	다를 **타**	함께 **공**	알 **인**
′ 丨 白 自	亻 仁 仲 他	一 廾 丗 共	亠 言 訒 認

국어

자타공인 : 자기나 남들이 다 같이 인정한다는 말.

中	繼	貿	易
가운데 **중**	이을 **계**	바꿀 **무**	바꿀 **역**
丶 冂 口 中	幺 糹 繼 繼	⺊ 卯 留 貿	冂 日 昜 易

사회

중계무역 : 다른 나라로부터 사들인 물자를 그대로 제3국에 수출하는 형식의 무역을 이르는 말.

狐	假	虎	威
여우 **호**	거짓 **가**	범 **호**	위엄 **위**
丿 犭 犷 狐	亻 作 作 假	⺊ 广 虍 虎	厂 厂 反 威

성어

호가호위 : 여우가 범의 위세를 빌려 호기를 부린다는 뜻으로, 남의 권세에 의지하여 위세를 부린다는 말.

養	虎	遺	患
기를 **양**	범 **호**	끼칠 **유**	근심 **환**
䒑 羊 美 養	⺊ 广 虍 虎	中 冑 貴 遺	口 吕 串 患

국어

양호유환 : 범을 길렀다가 그 범에게서 해를 입는다는 뜻에서, 은혜를 베풀어주고도 도리어 해를 입게 된다는 말.

富	國	强	兵
부자 **부**	나라 **국**	굳셀 **강**	군사 **병**
宀宀宕富	冂冂冐國	弓弚弨强	一广丘兵

부국강병 : 나라의 재산을 늘리고 군대를 강하게 기른다는 말.

祭	政	一	致
제사 **제**	정사 **정**	한 **일**	보낼 **치**
夕夕然祭	下正政政	一	工至致致

제정일치 : 제사와 정치가 일치하는 정치 형태를 이르는 말.

名	不	虛	傳
이름 **명**	아니 **불**	빌 **허**	전할 **전**
丿夕夕名	一丆不不	广卢虚虚	亻仴倶傳

명불허전 : 이름은 헛되이 전해지지 않는다는 뜻으로, 명성이 널리 알려진 데는 그만한 까닭이 있어서 그러하다는 말.

千	篇	一	律
일천 **천**	책 **편**	한 **일**	법 **률**
一二千	竺竺笲篇	一	丿彳伊律

천편일률 : 천편이나 되는 글귀가 서로 비슷하다는 뜻으로, 시작과 끝이 거의 변화가 없다는 말.

漸	入	佳	境
점점 **점**	들 **입**	아름다울 **가**	지경 **경**
氵 沪 沪 漸	丿 入	丿 亻 佳 佳	土 护 境 境

점입가경 : 갈수록 경치가 더해진다는 뜻으로, 일이나 예술 작품이 시간이 지날수록 더욱 그 광채를 발휘할 때 쓰이는 말.

下	等	動	物
아래 **하**	가지런할 **등**	움직일 **동**	만물 **물**
一 丁 下	𥫗 竺 笁 等	二 育 重 動	丿 牛 物 物

하등동물 : 진화의 정도가 낮아서 몸의 구조가 단순한 원시적 동물을 이르는 말.

脊	椎	動	物
등마루 **척**	망치 **추**	움직일 **동**	만물 **물**
人 夾 脊 脊	十 木 柞 椎	二 育 重 動	丿 牛 物 物

척추동물 : 몸을 지탱하는 척추가 있는 동물을 이르는 말.

賊	反	荷	杖
도둑 **적**	되돌릴 **반**	연 **하**	지팡이 **장**
日 貝 斯 賊	一 厂 厅 反	艹 疒 芢 荷	十 木 杧 杖

적반하장 : 도둑이 도리어 몽둥이를 든다는 뜻으로, 잘못한 사람이 도리어 잘한 사람을 나무라는 경우를 이르는 말.

沙	上	樓	閣
모래 **사**	위 **상**	다락 **누**	누각 **각**
`冫汁沙沙`	`I ⊦上`	`木 杆 槽 樓`	`門 門 閣 閣`

성어

사상누각 : 모래 위에 세운 높은 건물이란 뜻으로, 겉모양은 번듯하나 기초가 약하여 오래가지 못한다는 말.

現	地	踏	査
나타날 **현**	땅 **지**	밟을 **답**	조사할 **사**
`三 王 玥 現`	`一 坩 地`	`口 足 跻 踏`	`十 木 杏 査`

국어

현지답사 : 현지에 직접 가서 하는 조사를 이르는 말.

哺	乳	動	物
먹을 **포**	젖 **유**	움직일 **동**	만물 **물**
`口 叮 哺 哺`	`爫 孚 孚 乳`	`一 듑 重 動`	`𣥂 牛 牧 物`

국어

포유동물 : 포유류에 속하는 동물. 젖먹이 동물을 이르는 말.

背	水	之	陣
등 **배**	물 **수**	갈 **지**	진칠 **진**
`爿 北 背 背`	`刂 扒 水 水`	`丶 ㇉ 之`	`阝 陌 陣`

성어

배수지진 : 물을 등지고 치는 진법으로, 더이상 물러설 수 없음을 이르는 말.

徹	頭	徹	尾
뚫을 **철**	머리 **두**	뚫을 **철**	꼬리 **미**
彳彳彳徹	口豆頭頭	彳彳彳徹	ㄱ尸尸尾

철두철미 : 머리부터 꼬리까지 투철하다는 뜻으로, 사리가 밝고 투철하다는 말.

虛	無	孟	浪
빌 **허**	없을 **무**	맏 **맹**	물결 **랑**
广卢虛	仁午無無	了子舌孟	氵氵浪浪

허무맹랑 : 터무니없이 허황하고 실속이 없다는 말.

百	尺	竿	頭
일백 **백**	자 **척**	장대 **간**	머리 **두**
一ア万百	ㄱㄱ尸尺	竹竹竿竿	口豆頭頭

백척간두 : 백 자나 되는 높은 장대 끝이라는 뜻으로, 매우 위태롭고 어려운 지경을 이르는 말.

秋	風	落	葉
가을 **추**	바람 **풍**	떨어질 **낙**	잎 **엽**
二禾禾秋	丿几凨風	艹汸茨落	艹芈芎葉

추풍낙엽 : 가을 바람에 떨어지는 잎이란 뜻으로, 세력이나 형세가 갑자기 기울거나 시듦을 비유하여 이르는 말.

訓	民	正	音	赤	潮	現	象
가르칠 **훈**	백성 **민**	바를 **정**	소리 **음**	붉을 **적**	조수 **조**	나타날 **현**	코끼리 **상**
⺥⺥訂訓	フコア民	一下正正	一立音音	十土赤赤	氵沪潮潮	二王現現	⺈刍象象

역사

훈민정음 : 백성을 가르치는 바른 소리라는 뜻으로, 세종 대왕이 집현전 학자들의 도움을 얻어 처음 만든 우리 나라 글자.

과학

적조현상 : 주로 바닷물에 플랑크톤이 너무 많이 번식되어 붉게 보이는 현상을 이르는 말.

同	價	紅	裳	專	制	王	權
한가지 **동**	값 **가**	붉을 **홍**	치마 **상**	오로지 **전**	마를 **제**	임금 **왕**	권세 **권**
丨冂冂同	亻價價價	幺糸糸紅	⺍尚堂裳	一甫直專	⺈牜制制	一二干王	木栌橉權

국어

동가홍상 : 같은 값이면 다홍치마라는 뜻으로, 같은 값이면 품질이 좋은 것을 택한다는 말.

사회

전제왕권 : 왕이 자신의 의사에 따라 모든 일을 결정하고 처리하는 권한을 가졌다는 뜻으로, 권력이 왕에게 집중되어 있다는 말.

清	廉	潔	白
맑을 **청**	청렴할 **렴**	깨끗할 **결**	흰 **백**
氵氵淸淸	广产庐廉	氵浐潔潔	丿亻白白

국어

청렴결백 : 깨끗한 마음으로 욕심을 부리지 않고 부정부패에 물들지 않는다는 말.

皮	骨	相	接
가죽 **피**	뼈 **골**	서로 **상**	사귈 **접**
丿厂广皮	冂严骨骨	十木相相	扌扩接接

성어

피골상접 : 살가죽과 뼈가 서로 맞붙을 정도로 몹시 여위어 있다는 말.

勞	心	焦	思
일할 **노**	마음 **심**	그을릴 **초**	생각할 **사**
⺌炏勞勞	丶心心心	亻仆隹焦	口田思思

성어

노심초사 : 마음으로 애를 쓰고 속을 태운다는 뜻으로, 일이 어려워 마음과 생각이 조급해진다는 말.

龍	頭	蛇	尾
용 **용**	머리 **두**	뱀 **사**	꼬리 **미**
立育龍龍	口豆頭頭	口虫蚏蛇	尸尸尾尾

성어

용두사미 : 머리는 용이고 꼬리는 뱀이라는 뜻으로, 시작은 거창하나 끝이 흐지부지하다는 말.

喜	怒	哀	樂
기쁠 **희**	성낼 **로**	슬플 **애**	즐길 **락**
士吉声喜	女奴怒怒	亠言享哀	白絁樂樂

국어

희노애락 : 기쁨과 노여움과 슬픔과 즐거움이라는 뜻으로, 인간의 각가지 감정을 이르는 말.

寤	寐	不	忘
깰 **오**	잠잘 **매**	아니 **불**	잊을 **망**
宀宧寤寤	宀宧寐寐	一丆不不	亠亡忘忘

성어

오매불망 : 자나 깨나 잊지 못한다는 뜻으로, 근심이나 생각 때문에 잠 못드는 것을 일컫는 말.

密	雲	不	雨
빽빽할 **밀**	구름 **운**	아니 **불**	비 **우**
宀宓宓密	一雩雪雲	一丆不不	一冂而雨

성어

밀운불우 : 구름은 잔뜩 끼었지만 비는 오지 않는다는 뜻으로, 모든 조건은 갖추어졌는데 일은 성사되지 않는다는 말.

暴	虐	無	道
사나울 **포**	사나울 **학**	없을 **무**	길 **도**
曰具暴暴	广虍虐虐	仁無無無	丷首首道

국어

포학무도 : 성질이 포학하고 잔인하여 도덕심이 없다는 말.

恒	溫	動	物
항상 **항**	따뜻할 **온**	움직일 **동**	만물 **물**
丶忄忄恒恒	氵沪沪溫	一亡重動	丶牛牜物物

과학

항온동물 : 바깥 온도에 관계없이 체온이 거의 일정하고 늘 따뜻한 동물을 이르는 말.

泰	然	自	若
클 **태**	그러할 **연**	스스로 **자**	같을 **약**
三夫秦泰	夕夕然然	丿亻白自	艹艹芋若

국어

태연자약 : 마음에 무슨 충동을 받을 만한 일이 있어도, 태연하고 천연스럽다는 말.

命	在	頃	刻
목숨 **명**	있을 **재**	잠깐 **경**	새길 **각**
人人合命	一ナ右在	ヒヒ頃頃	一亠亥刻

성어

명재경각 : 목숨이 경각에 있다는 뜻으로, 거의 죽게 되어 숨이 곧 넘어갈 지경에 이르렀다는 말.

通	道	組	織
통할 **통**	길 **도**	짤 **조**	짤 **직**
マ丙甬通	丷首首道	幺糸細組	糸紵織織

과학

통도조직 : 식물의 수분이나 양분 등의 통로가 되는 조직을 이르는 말.

天	然	纖	維
하늘 **천**	그러할 **연**	가늘 **섬**	바 **유**
一 二 チ 天	ク 夕 狄 然	纟 纟 纖 纖	纟 纟 幻 維

가정

천연섬유 : 솜 · 삼 껍질 · 명주실 · 털 천연물의 세포로 된 섬유를 이르는 말.

物	質	代	謝
만물 **물**	바탕 **질**	대신할 **대**	사례할 **사**
戶 牛 牣 物	斤 斦 質 質	ノ イ 代 代	訁 訃 謝 謝

과학

물질대사 : 생물이 영양 물질을 섭취하고 필요하지 않은 생성물을 몸 밖으로 배출시키는 작용을 이르는 말.

長	袖	善	舞
길 **장**	소매 **수**	착할 **선**	춤출 **무**
厂 𠃊 镸 長	礻 衤 衻 袖	丷 羊 羔 善	宀 無 舞 舞

국어

장수선무 : 소매가 길면 춤추기가 수월하다는 뜻으로, 자본이나 밑천이 든든하면 장사하기가 한결 수월해진다는 말.

循	環	小	數
좇을 **순**	고리 **환**	작을 **소**	셈할 **수**
彳 彳 彳 循	王 珇 珚 環	亅 小 小	曰 曲 婁 數

수학

순환소수 : 주기적으로 되풀이되는 무한 소수를 이르는 말.

109

松	茂	栢	悅
소나무 **송**	우거질 **무**	측백나무 **백**	기쁠 **열**
十 木 杦 松	艹 芐 芦 茂	十 木 栌 栢	忄 忄 忄 悅

국어

송무백열 : 소나무가 무성함을 잣나무가 기뻐한다는 뜻으로, 벗이 잘됨을 기뻐한다는 말.

抱	腹	絶	倒
안을 **포**	배 **복**	끊을 **절**	넘어질 **도**
扌 扌 扚 抱	月 肜 腌 腹	纟 糸 紵 絶	亻 俨 俉 倒

국어

포복절도 : 배를 안고 넘어진다는 뜻으로, 너무 우스워서 배를 안고 몸을 가누지 못할 만큼 웃는다는 말.

黑	土	地	帶
검을 **흑**	흙 **토**	땅 **지**	띠 **대**
冂 甲 里 黑	一 十 土	一 土 圳 地	一 卅 卅 帶

사회

흑토지대 : 우크라이나 일대에 흑색토가 분포하는 지역. 주로 초지를 이루고 있으며, 식물이 부식된 층이 매우 두껍게 덮고 있어 토양이 비옥하므로 농경지로 이용된다.

魂	飛	魄	散
넋 **혼**	날 **비**	넋 **백**	흩을 **산**
云 动 魂 魂	乁 飞 飛 飛	白 的 皍 魄	艹 肯 背 散

국어

혼비백산 : 혼백이 날아 흩어진다는 뜻으로, 몹시 놀라 어찌할 바를 모른다는 말.

東	奔	西	走
동녘 **동**	달릴 **분**	서녘 **서**	달릴 **주**
一 亻 百 東	ナ 大 杢 奔	一 冂 两 西	十 土 丰 走

국어

동분서주 : 동쪽으로 달리고 서쪽으로 달린다는 뜻으로, 사방으로 이리저리 몹시 분주하게 다닌다는 말.

百	害	無	益
일백 **백**	해칠 **해**	없을 **무**	더할 **익**
一 丆 万 百	` 宀 宝 害	仁 仨 無 無	八 今 谷 益

성어

백해무익 : 해롭기만 할 뿐이지 조금도 이로울 것이 없다는 말.

前	無	後	無
앞 **전**	없을 **무**	뒤 **후**	없을 **무**
` 广 前 前	仁 仨 無 無	' 彳 伴 後	仁 仨 無 無

국어

전무후무 : 전에도 없었고 앞으로도 있을 수 없다는 말.

青	天	霹	靂
푸를 **청**	하늘 **천**	벼락 **벽**	벼락 **력**
二 主 青 青	一 二 于 天	宀 雫 霏 霹	帀 厍 霏 靂

성어

청천벽력 : 맑게 갠 하늘에서 치는 벼락이라는 뜻으로, 예기치 못하게 일어난 곤란이나 걱정, 또는 큰 사고를 일컫는 말.

昏	睡	狀	態
어두울 **혼**	잠잘 **수**	형상 **상**	모양 **태**
𠃜 氏 昏昏	刂 日 睚睡	丬 牪 狀狀	厶 育 能態

국어

혼수상태 : 완전히 의식을 잃고 인사불성이 된 상태를 이르는 말.

重	複	受	精
무거울 **중**	겹칠 **복**	받을 **수**	자세할 **정**
二 亖 重重	衤 衤 複複	一 四 豐受	丷 米 精精

과학

중복수정 : 속씨식물에서 2개의 정핵이 각각 난세포, 극핵과 결합하여 2번 수정이 이루어진다는 말.

疊	疊	山	中
겹쳐질 **첩**	겹쳐질 **첩**	뫼 **산**	가운데 **중**
田 畾 畾疊	田 畾 畾疊	丨 山 山	丨 冂 口中

국어

첩첩산중 : 첩첩이 겹친 산 속을 이르는 말.

意	氣	銷	沈
뜻 **의**	기운 **기**	녹일 **소**	잠길 **침**
丶 立 音意	𠂉 气 氛氣	𠂉 金 銷銷	氵 氿 沙沈

국어

의기소침 : 기운을 잃고 풀이 죽음. 의욕을 잃고 기가 꺾인다는 말.

會	者	定	離
모일 **회**	사람 **자**	정할 **정**	떠날 **리**
人今命會	土耂者者	宀宀宇定	离离離離

국어

회자정리 : 만나는 사람은 반드시 헤어질 운명에 있다는 뜻으로, 인생의 무상함을 이르는 말.

咸	興	差	使
다 **함**	일어날 **흥**	다를 **차**	부릴 **사**
厂厉咸咸	臼臼興興	𡗗羊差	亻仁仨使

국어

함흥차사 : 함흥에 가는 차사. 한 번 가기만 하면 깜깜 소식이라는 뜻으로, 심부름을 가서 아주 소식이 없거나 더디 올 때 쓰는 말.

關	稅	同	盟
빗장 **관**	구실 **세**	한가지 **동**	맹세할 **맹**
阝門關關	二禾稅稅	丨冂冃同	日明明盟

사회

관세동맹 : 국가 사이의 관세 제도를 통일하여 동맹국 간에는 관세를 폐지 또는 인하하고 제3국에 대하여는 공통된 관세를 설정하는 동맹을 이르는 말.

奴	隸	貿	易
종 **노**	종 **예**	바꿀 **무**	바꿀 **역**
夊夊奴奴	圭肀隸隸	𠂊𠃌留貿	冂日昜易

사회

노예무역 : 아메리카의 농장, 광산 등에서 일할 노동력이 부족하자 에스파냐와 포르투갈 등이 중심이 되어 아프리카 흑인을 잡아다가 노예로 판매하던 것을 이르는 말.

環	形	動	物
고리 **환**	모양 **형**	움직일 **동**	만물 **물**
王 珇 珇環環	一 二 开 形	一 台 重 動	一 牛 牝 物

환형동물 : 여러 개의 고리로 이루어진 긴 원통형의 몸체에 편평하며 여러 개의 마디로 되어 있는 지렁이 · 거머리 · 지네 등을 이르는 말.

造	山	運	動
지을 **조**	뫼 **산**	돌 **운**	움직일 **동**
一 牛 告 造	丨 山 山	一 冒 軍 運	一 台 重 動

사회

조산운동 : 심한 습곡이나 단층이 일어나 산맥이나 높은 산지를 만드는 것과 같은 지각 운동을 이르는 말.

喜	色	滿	面
기쁠 **희**	빛 **색**	찰 **만**	얼굴 **면**
土 吉 直 喜	ク 夕 色 色	氵 汁 満 滿	一 丙 而 面

국어

희색만면 : 기쁜 빛이 얼굴에 가득하다는 말.

體	外	受	精
몸 **체**	밖 **외**	받을 **수**	자세할 **정**
罒 骨 體體	ノ 夕 外 外	一 爫 쭉 受	丷 米 精 精

과학

체외수정 : 몸 밖에서 수정이 이루어진다는 말.

納	粟	加	資
들일 **납**	조 **속**	더할 **가**	재물 **자**
纟 糸 紉納	一 西 覀 粟	フ カ 加 加	冫 次 資 資

납속가자 : 조선 때, 흉년과 병란이 있을 때, 곡식을 많이 바친 사람에게 정3품의 벼슬을 주던 일.

黑	人	靈	歌
검을 **흑**	사람 **인**	신령 **영**	노래 **가**
冂 甲 里 黑	丿 人	宀 霝 靈 靈	可 哥 歌 歌

흑인영가 : 미국의 흑인이 부르는 종교적인 민요로서 '구약 성서'의 이야기를 제재로 한 것.

豪	言	壯	談
호걸 **호**	말씀 **언**	씩씩할 **장**	말씀 **담**
亠 盲 豪 豪	丶 亠 言 言	丬 丬 牀 壯	言 言 談 談

호언장담 : 분수에 맞지 않은 말을 큰소리로 자신있게 지껄임, 또는 그 말을 이르는 말.

戰	戰	兢	兢
싸울 **전**	싸울 **전**	삼갈 **긍**	삼갈 **긍**
罒 胃 單 戰	罒 胃 單 戰	吉 克 兢 兢	吉 克 兢 兢

전전긍긍 : 두려워 벌벌 떨며 삼가고 조심하는 모습의 비유.

興	味	津	津	附	屬	成	分
일어날 **흥**	맛 **미**	나루 **진**	나루 **진**	붙을 **부**	이을 **속**	이룰 **성**	나눌 **분**
𦣻 𦥑 𦥔 興	口 口 咊 味	氵 汀 沣 津	氵 汀 沣 津	阝 阝 阝 附	尸 尸 屬 屬	厂 厈 成 成	丿 八 分 分

흥미진진 : 흥취가 넘칠 만큼 많다는 말.

부속성분 : 주성분에 붙어서 그것을 꾸며주는 문장 성분.

柵	狀	組	織	袖	手	傍	觀
울타리 **책**	형상 **상**	짤 **조**	짤 **직**	소매 **수**	손 **수**	곁 **방**	볼 **관**
十 木 机 柵	丬 爿 狀 狀	纟 糸 紅 組	糸 織 織 織	礻 礻 初 袖	一 二 三 手	亻 仁 俠 傍	艹 苜 藋 觀

책상조직 : 세포가 울타리처럼 질서 정연하게 배열되어 있는 조직.

수수방관 : 팔짱을 끼고 바라만 본다는 뜻으로, 응당 해야 할 일에 아무런 간여도 하지 않고 그대로 버려둔다는 말.

臨	機	應	變
임할 **임**	기계 **기**	응할 **응**	변할 **변**
⻈ 臣 距 臨	木 杉 榉 機	广 庎 雁 應	言 結 綕 變

임기응변 : 그때그때 처한 형편에 맞추어 일을 알맞게 처리함.

環	境	汚	染
고리 **환**	지경 **경**	더러울 **오**	물들일 **염**
王 理 珊 環	土 圹 墙 境	⺡ ⺡ 汗 汚	⺡ 氿 染 染

환경오염 : 자원 개발로 인한 자연의 파괴와 각종 교통 기관이나 공장에서 배출하는 폐수와 가스, 그리고 농약 따위로 사람과 동식물이 살아가는 환경을 더럽히는 일.

稀	少	價	値
드물 **희**	적을 **소**	값 **가**	값 **치**
禾 秒 秤 稀	⎪ 小 小 少	亻 價 價 價	亻 仆 値 値

희소가치 : 드물고 적기 때문에 인정되는 가치.

波	瀾	萬	丈
물결 **파**	물결 **란**	일만 **만**	어른 **장**
⺡ ⺡ 沪 波	⺡ 沪 澗 瀾	艹 苗 莴 萬	一 ナ 丈

파란만장 : 물결이 만 길 높이로 인다는 뜻으로, 인생을 살아가는 데 있어서 기복과 변화가 심하다는 말.

衛	正	斥	邪
지킬 **위**	바를 **정**	물리칠 **척**	간사할 **사**
彳 衍 衛 衛	一 下 正 正	一 厂 斥 斥	一 牙 邪 邪

사회
위정척사 : 조선 말기에 유학자들이 개화에 반대하면서 내건 말로, 주자학을 지키고 사학인 천주교를 물리치자는 뜻.

扁	形	動	物
넓적할 **편**	모양 **형**	움직일 **동**	만물 **물**
⼾ 戶 肩 扁	一 二 开 形	一 듕 重 動	⼁ ⽜ 牜 物

과학
편형동물 : 몸이 납작하고 편평하고 항문이 없음.

雌	雄	同	體
암컷 **자**	수컷 **웅**	한가지 **동**	몸 **체**
⽌ 此 叱 雌	ナ 广 太 雄	⼁ ⼌ 冂 同	罒 骨 體 體

과학
자웅동체 : 암수의 생식 기관이 모두 한 개체에 있는 동물.

雌	雄	異	體
암컷 **자**	수컷 **웅**	다를 **이**	몸 **체**
⽌ 此 叱 雌	ナ 广 太 雄	冖 田 畟 異	罒 骨 體 體

과학
자웅이체 : 암수의 생식 기관이 각각 서로 다른 개체에 있는 동물.

♣ 한자의 뜻과 음을 읽으며 쓰세요.

種	子	植	物
씨 **종**	아들 **자**	심을 **식**	만물 **물**
一 禾 秭種	了了子	才 朾 植植	一 牛 物物

과학

종자식물 : 꽃이 피어 암술의 밑씨가 수술의 꽃가루를 받아 종자를 만들어 번식하는 식물.

黙	黙	不	答
잠잠할 **묵**	잠잠할 **묵**	아닐 **부**	대답 **답**
罒 里 黑默	罒 里 黑默	一 丁 不不	𥫗 竺 竺答

국어

묵묵부답 : 잠자코 대답이 없음.

潮	力	發	電
조수 **조**	힘 **력**	쏠 **발**	번개 **전**
氵 沪 淖潮	丁力	𣥂 癶 癹發	一 雫 雨電

사회

조력발전 : 조수의 간만의 차를 이용하는 수력 발전.

無	窮	無	盡
없을 **무**	다할 **궁**	없을 **무**	다될 **진**
← 无 無無	宀 空 穷窮	← 无 無無	彐 聿 聿盡

성어

무궁무진 : 한이 없고 끝이 없음.

119

保	護	貿	易
지킬 **보**	보호할 **호**	바꿀 **무**	바꿀 **역**
亻仃仔保	言訁謢護	卩吅留貿	冂日昻易

보호무역 : 자기 나라의 산업을 보호하기 위하여 국가가 외국과의 무역을 간섭하고 수입에 여러 가지 제한을 두는 무역 정책.

記	錄	文	學
기록할 **기**	기록할 **록**	글월 **문**	배울 **학**
言言記	纟糸絆綠	丶亠宁文	ﬦ臼與學

국어

기록문학 : 기록적 요소가 매우 강한 문학.

誘	導	訊	問
꾈 **유**	이끌 **도**	물을 **신**	물을 **문**
言言誘誘	丷首道導	言言訊訊	冂門門問

국어

유도신문 : 혐의자를 신문할 때, 예상하는 죄상의 단서를 얻기 위해 교묘한 질문을 하여 무의식 중에 자백을 하도록 이끄는 신문.

覇	氣	滿	滿
으뜸 **패**	기운 **기**	찰 **만**	찰 **만**
西覀覇覇	𠂉气氣氣	氵沣滿滿	氵沣滿滿

성어

패기만만 : 세상을 지배할 듯한 기세로 가득 차 있다는 말.

取	捨	選	擇
취할 **취**	버릴 **사**	가릴 **선**	가릴 **택**
一厂F耳取	扌扚拴捨	巴丱巽選	扌扜擇擇

국어

취사선택 : 취할 것은 취하고 버릴 것은 버려서 골라잡음.

破	顔	大	笑
깨뜨릴 **파**	얼굴 **안**	큰 **대**	웃을 **소**
丁石矿破	立彥新顔	一ナ大	竹竹笑

성어

파안대소 : 매우 즐거울 때 얼굴이 일그러질 정도로 입을 크게 벌리고 소리내어 웃는다는 말.

意	氣	揚	揚
뜻 **의**	기운 **기**	오를 **양**	오를 **양**
立音意	气気氣	扌担掦揚	扌担掦揚

국어

의기양양 : 바라던 대로 되어, 아주 자랑스럽게 행동하는 모양.

耐	震	設	計
견딜 **내**	벼락 **진**	베풀 **설**	셈할 **계**
丁而而耐	雨霍震	言訊設	言計

사회

내진설계 : 지진의 충격에 잘 견딜 수 있도록 건물을 설계하는 방식.

實	事	求	是
열매 **실**	일 **사**	구할 **구**	옳을 **시**
宀宀宋實實	一口写事	十才求求	口旦무是

실사구시 : 사실에 근거하여 진리를 탐구하는 일, 또는 그런 학문 태도를 이르는 말.

磨	製	石	器
갈 **마**	지을 **제**	돌 **석**	그릇 **기**
广庐麻磨	亠制制製	一丆石石	口吅哭器

마제석기 : 돌을 갈아서 만든 신석기 시대의 석기.

樂	天	主	義
즐길 **낙**	하늘 **천**	주인 **주**	옳을 **의**
白纳樂樂	一二于天	丶二十主	亠羊羊義

낙천주의 : 세상과 인생을 희망적으로 보는 생각이나 태도.

橫	斷	步	道
가로 **횡**	끊을 **단**	걸음 **보**	길 **도**
木杧橫橫	𢇷斷斷	卜止尗步	丷丷首道

횡단보도 : 안전표지에 따라 보행자가 그곳을 지나 차도를 횡단하도록 정해져 있는 도로의 부분.

暗	行	御	史
어두울 **암**	다닐 **행**	어거할 **어**	역사 **사**
冂 日 暗暗	⁄ ⁄ ⁄⁄ 行	⁄ ⁄ ⁄⁄ 御	冂 口 史史

암행어사 : 조선시대 국왕의 특명을 받고 지방관의 통치행위에 대한 감찰과 민정시찰 등을 수행하던 관직.

衛	星	寫	眞
지킬 **위**	별 **성**	베낄 **사**	참 **진**
⁄ 律律衛	冂 日 星星	宀 宮 寫寫	⅃ 片 眞眞

위성사진 : 인공위성에서 실제 지구를 촬영한 사진.

客	窓	寒	燈
손님 **객**	창문 **창**	찰 **한**	등잔 **등**
⸼ 宀 安客	宀 灾 宏窓	宀 寒寒寒	火 炒 燈燈

객창한등 : 객지의 여관에서 쓸쓸하게 보이는 등불이라는 뜻으로, 객지의 외로움을 이르는 말.

因	數	分	解
인할 **인**	셈할 **수**	나눌 **분**	풀 **해**
⅃ 冂 因因	甲 婁 數數	⁄ 八 分分	⁄ 角 解解

인수분해 : 정수 또는 정식을 몇 개의 가장 간단한 인수의 곱의 형태로 나타내는 일.

過	小	評	價
지날 **과**	작을 **소**	평할 **평**	값 **가**
罒咼咼過	亅小小	訁言訮評	亻價價價

과소평가 : 사실보다 작거나 약하게 평가함. 실제보다 낮게 평가함.

潮	境	水	域
조수 **조**	경계 **경**	물 **수**	지경 **역**
氵汸潮潮	土圫境境	亅㐅水水	土圹域域

조경수역 : 서로 성질이 다른 해수들이 접하는 경계로, 한류와 난류가 교차하는 영역을 말함.

高	臺	廣	室
높을 **고**	돈대 **대**	넓을 **광**	집 **실**
亠高高高	土吉臺臺	广庐廣廣	宀宎室室

고대광실 : 높은 돈대와 넓은 집이라는 뜻으로, 규모가 굉장히 크고 잘 지은 집.

體	溫	調	節
몸 **체**	따뜻할 **온**	고를 **조**	마디 **절**
罒骨體體	氵沪泗溫	訁言訶調	𥫗竹筘節

체온조절 : 주위의 온도가 변하면 체내에서의 열 발생량과 체외로의 열 발산량을 조절함으로써 체온을 일정하게 함.

附	帶	施	設
붙을 **부**	띠 **대**	베풀 **시**	베풀 **설**
⁊ ⻖ ⻖ 附	一 卅 卅 帶	⊃ 方 方 施	≡ 言 訒 設

국어

부대시설 : 기본이 되는 건축물 따위에 덧붙이는 시설.

虛	張	聲	勢
빌 **허**	베풀 **장**	소리 **성**	기세 **세**
⼘ 广 虍 虛	⁊ 引 張 張	⼟ 声 殸 聲	⼟ 坴 執 勢

국어

허장성세 : 실속은 없으면서 허세만 떠벌림.

百	折	不	屈
일백 **백**	꺾을 **절**	아니 **불**	굽을 **굴**
一 丆 百 百	扌 扌 折 折	一 丆 不 不	⁊ 尸 屈 屈

성어

백절불굴 : 백 번 꺾여도 굴하지 않는다는 뜻에서, 어떠한 어려움에도 결코 굽히지 않는다는 말.

突	然	變	異
갑자기 **돌**	그러할 **연**	변할 **변**	다를 **이**
⼧ 空 空 突	⼃ 夕 狹 然	言 結 綜 變	⼞ 田 界 異

과학

돌연변이 : 어버이 계통에는 없던 새로운 형질이 돌연히 자손이 되는 생물체에 나타나 유전하는 일.

熱	帶	草	原
더울 **열**	띠 **대**	풀 **초**	근원 **원**
± 查 執熱	一 岇 芈 帶	⺧ 艹 苩 草	厂 厃 庌 原

열대초원 : 키가 큰 나무가 드문드문 있고 긴 풀이 자라는 곳으로, 열대 밀림의 주변 지역에 나타나며 야생 동물의 왕국을 이룸.

錦	繡	江	山
비단 **금**	수 **수**	강 **강**	뫼 **산**
⺧ 金 鉑 錦	纟 絲 絆 繡	氵 氵 江 江	丨 山 山

금수강산 : 비단에 수놓은 듯이 아름다운 산천이란 뜻으로, 아름다운 자연을 이르는 말.

累	積	度	數
묶을 **누**	쌓을 **적**	법도 **도**	셈할 **수**
冂 田 罗 累	千 禾 稍 積	广 庐 庐 度	日 串 婁 數

누적도수 : 이전의 도수를 쌓아서 더한 도수.

武	陵	桃	源
굳셀 **무**	언덕 **릉**	복숭아 **도**	근원 **원**
一 千 正 武	阝 阦 陸 陵	十 木 杉 桃	氵 汇 沤 源

무릉도원 : 사람들이 화목하고 행복하게 살 수 있는 이상향.

蒸	氣	機	關
찔 **증**	기운 **기**	기계 **기**	빗장 **관**
⺿ 芛 莁蒸	⺧ 气気氣	木 杉 樨機	門 門關關

증기기관 : 수증기의 압력을 이용하여 피스톤을 왕복 운동시킴으로써 동력을 얻는 기관.

難	兄	難	弟
어려울 **난**	맏 **형**	어려울 **난**	아우 **제**
⺿ 菓 難難	丶 口 尸兄	⺿ 菓 難難	丷 弟弟弟

난형난제 : 형이라 하기도 어렵고 동생이라 하기도 어렵다는 뜻으로, 두 가지 사물이나 사람의 우열을 가리기가 어려울 때 쓰는 말.

國	民	議	會
나라 **국**	백성 **민**	의논할 **의**	모일 **회**
冂 冃 冨國	尸 尸尸民	言 訐 諸議	人 合 侖會

국민의회 : 모든 국민 또는 국민의 대표자로 구성된 의회로, 프랑스혁명 초기에 성립한 최초의 근대적 의회.

鈍	筆	勝	聰
둔할 **둔**	붓 **필**	이길 **승**	귀밝을 **총**
人 金 釦鈍	⺮ 竺等筆	月 肜 脎勝	耳 耵聰聰

둔필승총 : 글씨가 서투른 사람의 기록이 총명한 기억보다 낫다는 말.

植	物	圖	鑑
심을 **식**	만물 **물**	그림 **도**	거울 **감**
木 朾 植 植	宀 牜 物 物	门 罓 圖 圖	스 金 鑑 鑑

국어

식물도감 : 많은 종류의 식물의 모양과 특징을 정리해 놓은 책.

非	鐵	金	屬
아닐 **비**	쇠 **철**	쇠 **금**	이을 **속**
丿 扌 非 非	牜 鈩 鐘 鐵	丿 人 仐 金	尸 屍 屬 屬

기술

비철금속 : 철 이외의 금속의 총칭. 일반적으로 금 · 은 · 구리 · 아연 · 아연 · 텅스텐 따위를 일컬음.

造	巖	鑛	物
지을 **조**	바위 **암**	쇳돌 **광**	만물 **물**
宀 生 告 造	屵 嵤 巖 巖	冬 金 鈩 鑛	宀 牜 物 物

과학

조암광물 : 암석을 만드는 광물.

金	管	樂	器
쇠 **금**	대롱 **관**	풍류 **악**	그릇 **기**
丿 人 仐 金	스 竹 竺 管	白 納 樂 樂	口 吅 哭 器

음악

금관악기 : 금속제의 음관으로 된 취주악기. 연주자의 두 입술의 진동으로 소리가 나게 되어 있음.

♣ 한자의 뜻과 음을 읽으며 쓰세요.

虎	視	耽	耽
범 **호**	볼 **시**	즐길 **탐**	즐길 **탐**
⺊ 广 虍 虎	亍 礻 祀 視	F 耳 耴 耽	F 耳 耴 耽

國	營	農	場
나라 **국**	경영할 **영**	농사 **농**	마당 **장**
冂 冂 同 國	火 炏 𤇾 營	口 曲 農 農	土 坦 垾 場

국어

호시탐탐 : 범이 날카로운 눈초리로 먹이를 노린다는 뜻으로, 틈만 있으면 덮치려고 기회를 노리며 형세를 살핀다는 말.

사회

국영농장 : 대지주의 소유지를 국가가 몰수하여 국가가 직접 관리하고 경영하는 농장.

落	落	長	松
떨어질 **낙**	떨어질 **락**	길 **장**	소나무 **송**
艹 茫 茨 落	艹 茫 茨 落	「 镸 镸 長	十 木 松 松

熱	帶	氣	候
더울 **열**	띠 **대**	기운 **기**	물을 **후**
土 坴 埶 熱	一 卌 带 帶	𠂉 气 気 氣	亻 仁 侯 候

국어

낙락장송 : 가지가 축축 늘어진 큰 소나무를 이르는 말.

사회

열대기후 : 적도에 가까운 저위도 지방에 나타나는 기후로 1년 내내 평균 18도씨 이상의 기온을 유지한다.

等	速	運	動
가지런할 **등**	빠를 **속**	돌 **운**	움직일 **동**
⺈ 竺 笁 等	⼀ 申 束 速	⼀ 冒 軍 運	⼀ 訁 重 動

등속운동 : 속도와 방향이 일정한 물체의 운동. 물체는 외력을 받지 않는 한 언제까지나 그 운동을 계속하며 이것이 운동의 제1법칙임.

勸	善	懲	惡
권할 **권**	착할 **선**	혼날 **징**	악할 **악**
⺫ 苩 萉 勸	⺀ 羊 羔 善	⼻ 徨 徵 懲	⼚ 亞 亞 惡

권선징악 : 착한 일을 권장하고 악한 일을 징계함.

私	利	私	慾
사사 **사**	이로울 **리**	사사 **사**	욕심 **욕**
⼆ 禾 私 私	⼆ 千 禾 利	⼆ 禾 私 私	⼳ 欲 欲 慾

사리사욕 : 개인의 이익과 개인의 욕심이란 뜻으로, 자기 이익과 욕심만 채운다는 말.

皆	旣	日	蝕
다 **개**	이미 **기**	날 **일**	좀먹을 **식**
⼂ 比 毕 皆	白 皂 皀 旣	⼁ 冂 日 日	⼂ 食 飠 蝕

개기일식 : 달에 가려서 태양 전체가 보이지 않는 현상.

♣ 한자의 뜻과 음을 읽으며 쓰세요.

開	放	都	市
열 **개**	놓을 **방**	도읍 **도**	저자 **시**
門門開	二方放放	土耂者都	丶亠亣市

感	覺	器	官
느낄 **감**	깨달을 **각**	그릇 **기**	벼슬 **관**
厂后咸感	臼與學覺	口吅哭器	丶宀宁官

개방도시 : 경제 특구와 비슷하나 국가의 통제를 받는다는 점이 다름.

감각기관 : 동물체가 외계로부터 자극을 받아들여 이 자극을 신경계에 전달하는 기관.

結	合	組	織
맺을 **결**	합할 **합**	짤 **조**	짤 **직**
幺糸紅結	人亼合合	幺糸紅組	幺紝縐織

經	濟	特	區
지날 **경**	건널 **제**	특별할 **특**	지경 **구**
幺糸經經	氵沪濟濟	牛牡特	口吕品區

결합조직 : 온 몸의 조직이나 기관을 연결하고 지지하는 조직.

경제특구 : 외국의 자본과 기술을 도입하기 위해 만든 경제 자유 지역.

賣	官	賣	職
팔 **매**	벼슬 **관**	팔 **매**	벼슬 **직**
± 吉 賣 賣	` 宀 宀 官	± 吉 賣 賣	耳 耶 聯 職

사회

매관매직 : 돈이나 재물을 받고 벼슬을 시킴.

軟	體	動	物
연할 **연**	몸 **체**	움직일 **동**	만물 **물**
日 車 軔 軟	凹 骨 體 體	二 舌 重 動	′ 牛 牧 物

과학

연체동물 : 몸이 연한 외투 막으로 싸여 있고 마디가 없음.

禁	斷	現	象
금할 **금**	끊을 **단**	나타날 **현**	코끼리 **상**
木 林 埜 禁	⺍ 幽 斷 斷	二 王 玥 現	⺈ 牟 象 象

과학

금단현상 : 약물 만성 중독자가 약물 섭취를 끊었을 때 나타나는 정신상의 이상 증세.

啓	蒙	思	想
열 **계**	어릴 **몽**	생각할 **사**	생각할 **상**
戶 户 啟 啓	⺿ 芒 蒙 蒙	口 田 思 思	十 木 相 想

사회

계몽사상 : 교회의 권위에 바탕을 둔 구시대의 정신적 권위와 사상적 특권에 반대하고, 인간적이고 합리적인 사유를 주장하는 것.

勞	動	運	動
일할 **노**	움직일 **동**	돌 **운**	움직일 **동**
⺌ ⺊ 炏 勞	⼆ ⼳ 重 動	⼎ ⺜ 軍 運	⼆ ⼳ 重 動

減	數	分	裂
덜 **감**	셈할 **수**	나눌 **분**	찢을 **열**
⺡ ⼮ 浉 減	⽇ 婁 妻 數	⼃ ⼋ 分 分	⼣ 列 裂 裂

노동운동 : 노동자가 자신들의 근로 개선과 이익을 지키기 위하여 사용자를 상대로 벌이는 조직적인 운동.

감수분열 : 염색체 수가 반으로 줄어들어 정자, 난자와 같은 생식 세포를 형성하는 분열.

腔	腸	動	物
빈속 **강**	창자 **장**	움직일 **동**	만물 **물**
⽉ ⼴ 腔 腔	⽉ ⼳ 腸 腸	⼆ ⼳ 重 動	⼃ ⽜ 牞 物

結	者	解	之
맺을 **결**	사람 **자**	풀 **해**	갈 **지**
⼡ ⽷ 紆 結	⼗ ⺹ 考 者	⼇ 角 貂 解	⼂ ⼀ ⼂ 之

강장동물 : 몸의 구조가 간단하고 입과 항문의 구분이 없음.

결자해지 : 맺은 사람이 풀어야 한다는 뜻으로, 일을 저지른 사람이 그 일을 해결해야 한다는 말.

♣ 한자의 뜻과 음을 읽으며 쓰세요.

背	景	音	樂
등 **배**	볕 **경**	소리 **음**	풍류 **악**
ㅋ 北 背 背	日 旦 昌 景	亠 立 音 音	白 紌 絲 樂

意	思	疏	通
뜻 **의**	생각할 **사**	트일 **소**	통할 **통**
亠 立 音 意	口 田 思 思	ㄱ 𤴓 疏 疏	ㄱ 月 甬 通

국어

배경음악 : 영화 · 연극 · 방송 등에서, 그 장면의 분위기를 조성하기 위해 연주하는 음악.

가정

의사소통 : 생각이나 뜻이 서로 막히지 않고 잘 통함.

早	朝	割	引
새벽 **조**	아침 **조**	나눌 **할**	끌 **인**
口 日 旦 早	十 古 卓 朝	宀 宔 害 割	ㄱ ㅋ 弓 引

喜	怒	哀	樂
기쁠 **희**	성낼 **노**	슬플 **애**	즐길 **락**
士 吉 壴 喜	女 奴 怒 怒	亠 古 亨 哀	白 紌 絲 樂

사회

조조할인 : 극장에서 오전에 입장하는 사람에게 요금을 깎아 주는 것.

국어

희노애락 : 기쁨과 노염과 슬픔과 즐거움을 이르는 말.

♣ 한자의 뜻과 음을 읽으며 쓰세요.

百	科	事	典
일백 **백**	과정 **과**	일 **사**	법 **전**
一 丆 万 百	二 千 禾 科	一 𠮛 亊 事	冂 曲 曲 典

국어

백과사전 : 학문 · 예술을 비롯한 모든 분야에 걸친 사항을 사전 형식으로 분류 · 배열하여 해설해 놓은 책.

普	通	選	擧
넓을 **보**	통할 **통**	가릴 **선**	들 **거**
丷 并 並 普	マ 乃 甬 通	巳 巳巳 巽 選	丨 𦥑 與 擧

사회

보통선거 : 재산 · 신분 · 성별 · 교육 정도 등에 제한을 두지 않고, 성년이 되면 누구에게나 평등한 선거권이 주어지는 선거 원칙.

日	氣	豫	報
날 **일**	기운 **기**	미리 **예**	알릴 **보**
丨 冂 月 日	𠂉 气 気 氣	マ 予 豫 豫	土 幸 報 報

국어

일기예보 : 지상 및 상공의 일기도를 분석하여 그 변화를 예상하고 알리는 일.

變	溫	動	物
변할 **변**	따뜻할 **온**	움직일 **동**	만물 **물**
言 絲 䜌 變	氵 汩 溫 溫	二 亍 重 動	𠂉 牛 牞 物

국어

변온동물 : 외계의 온도에 따라 체온이 변하는 동물.